Perdido En El Resumen

Libro De Colorear Adultos
Diseños Alivio Del Estrés
Y Relajación Edición

Coloring Bandit

Publicado por Speedy Publishing Canada Limited

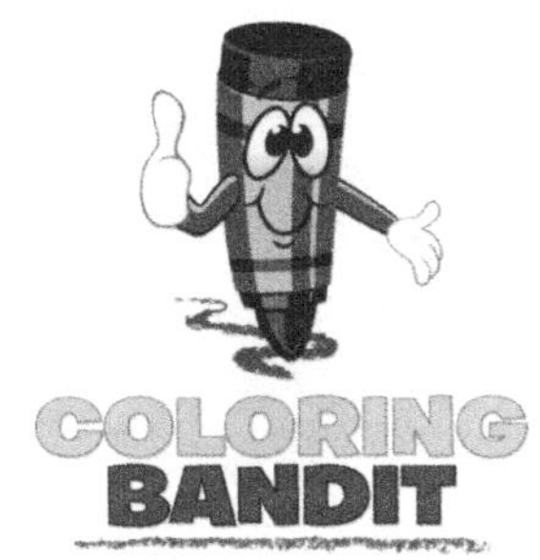

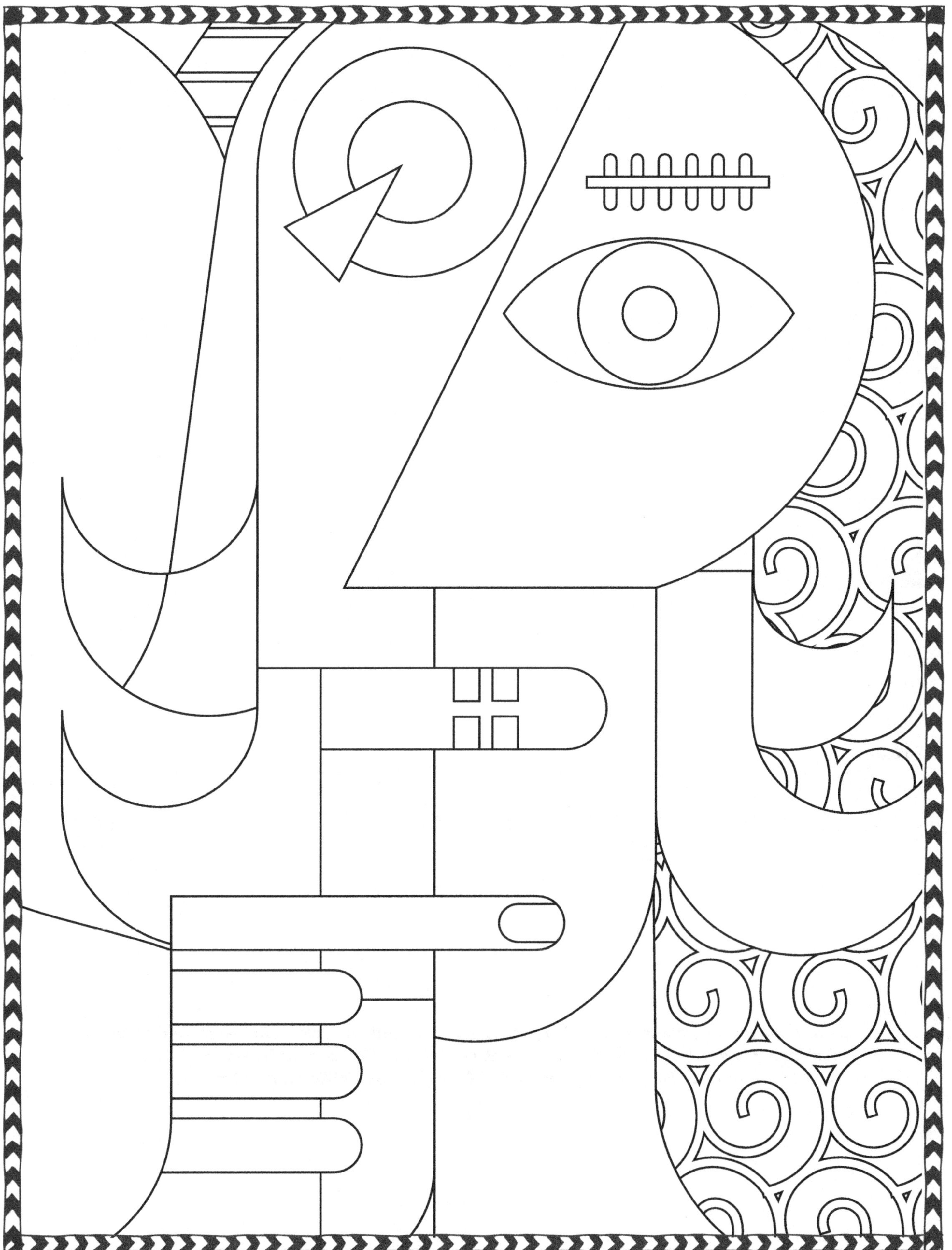

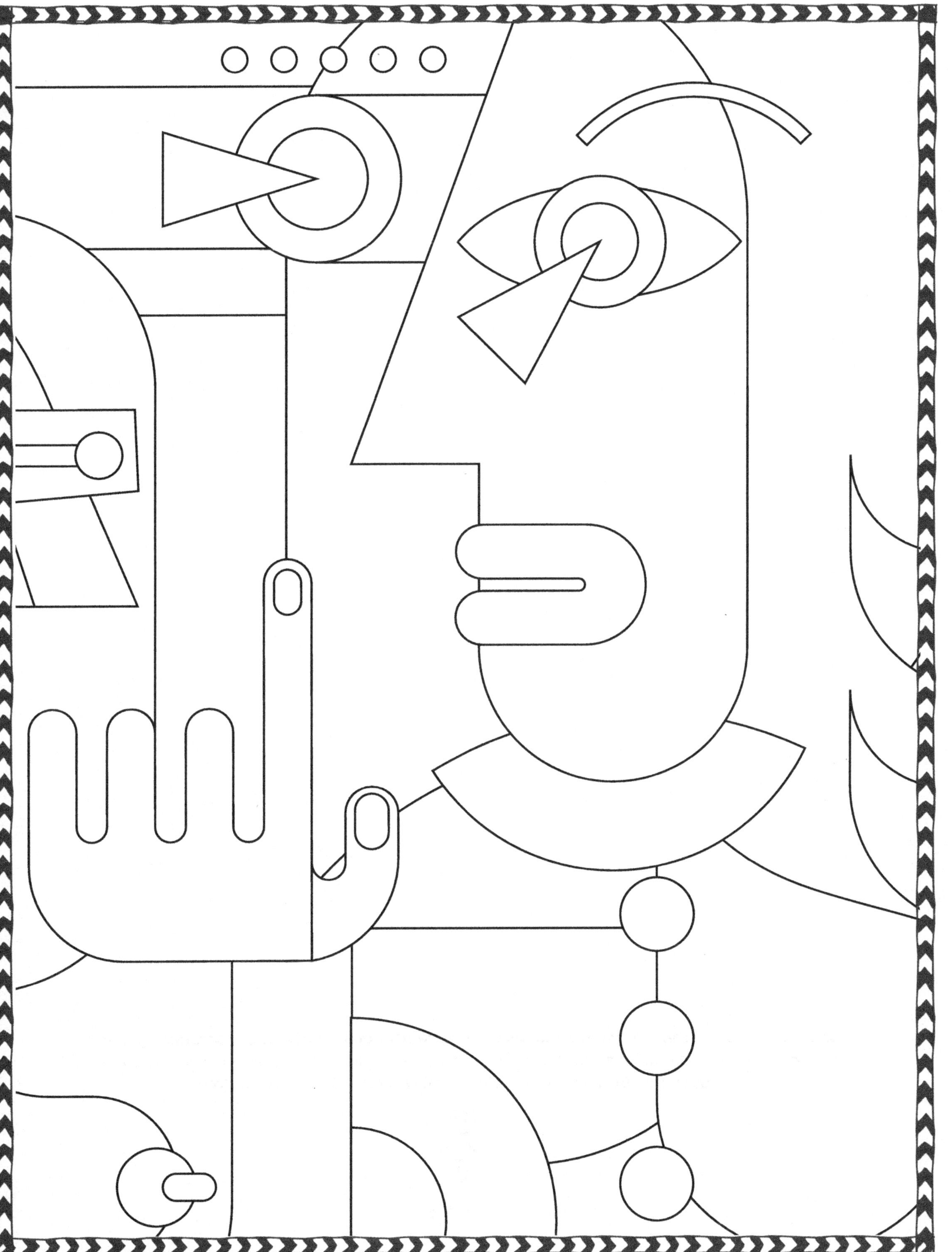

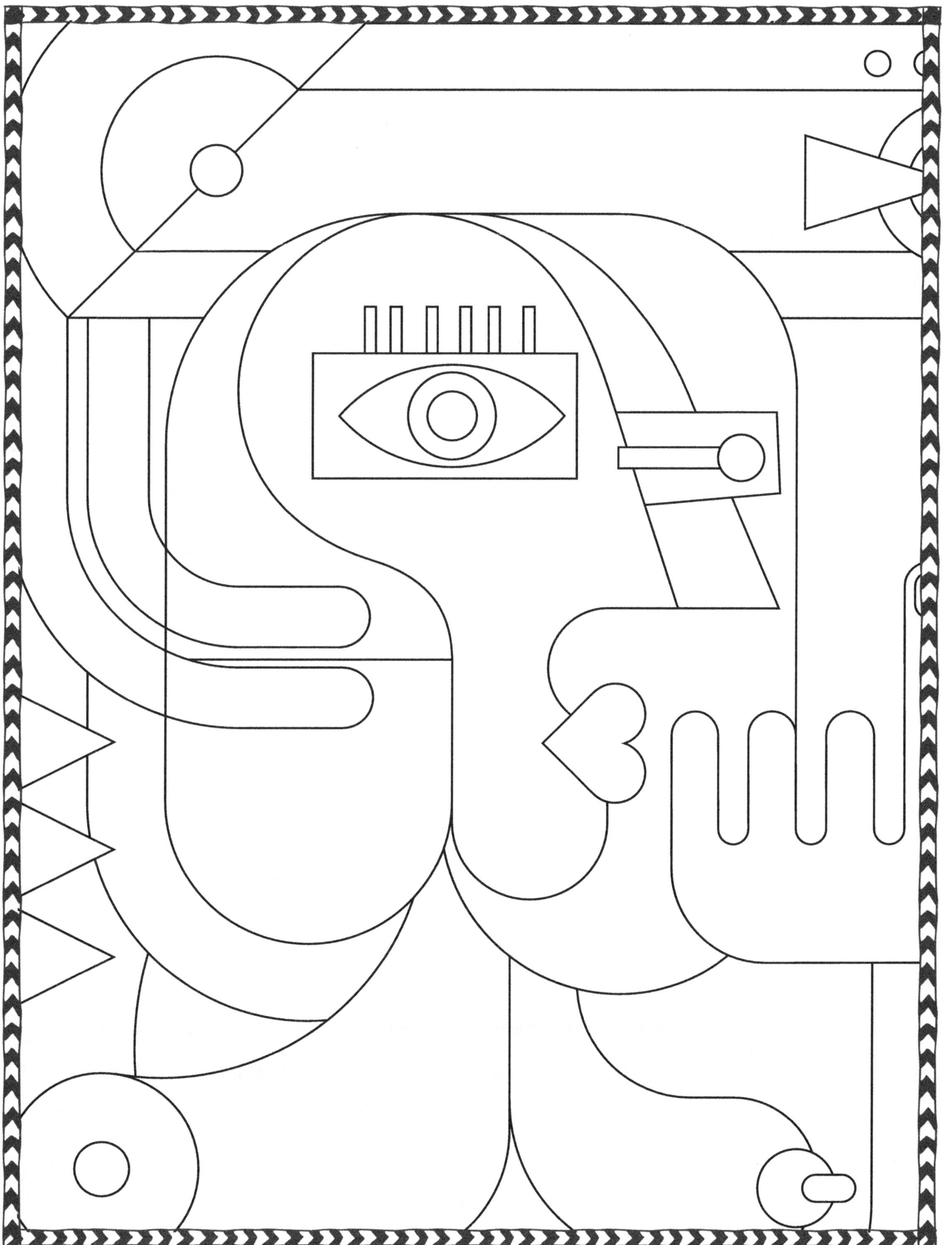

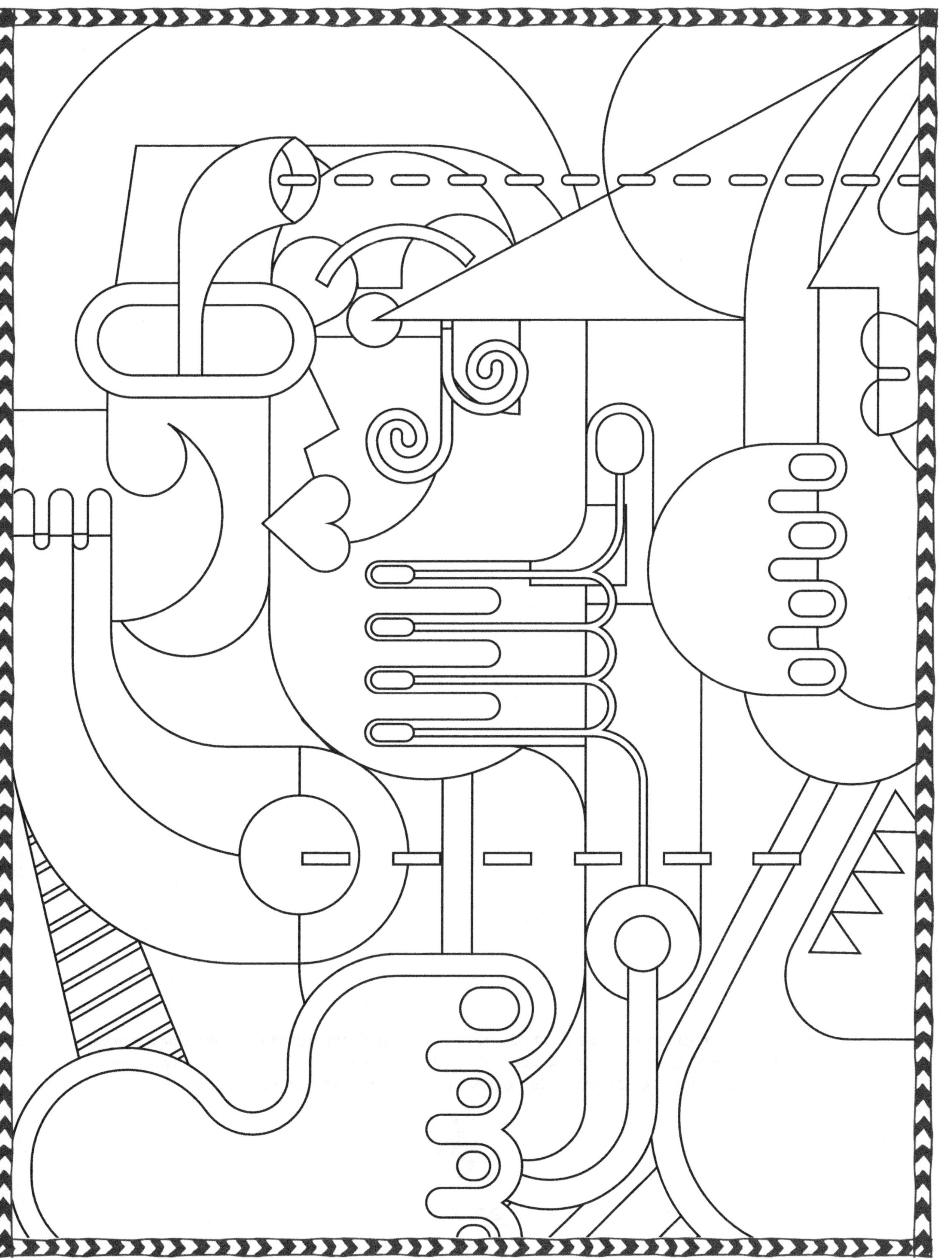

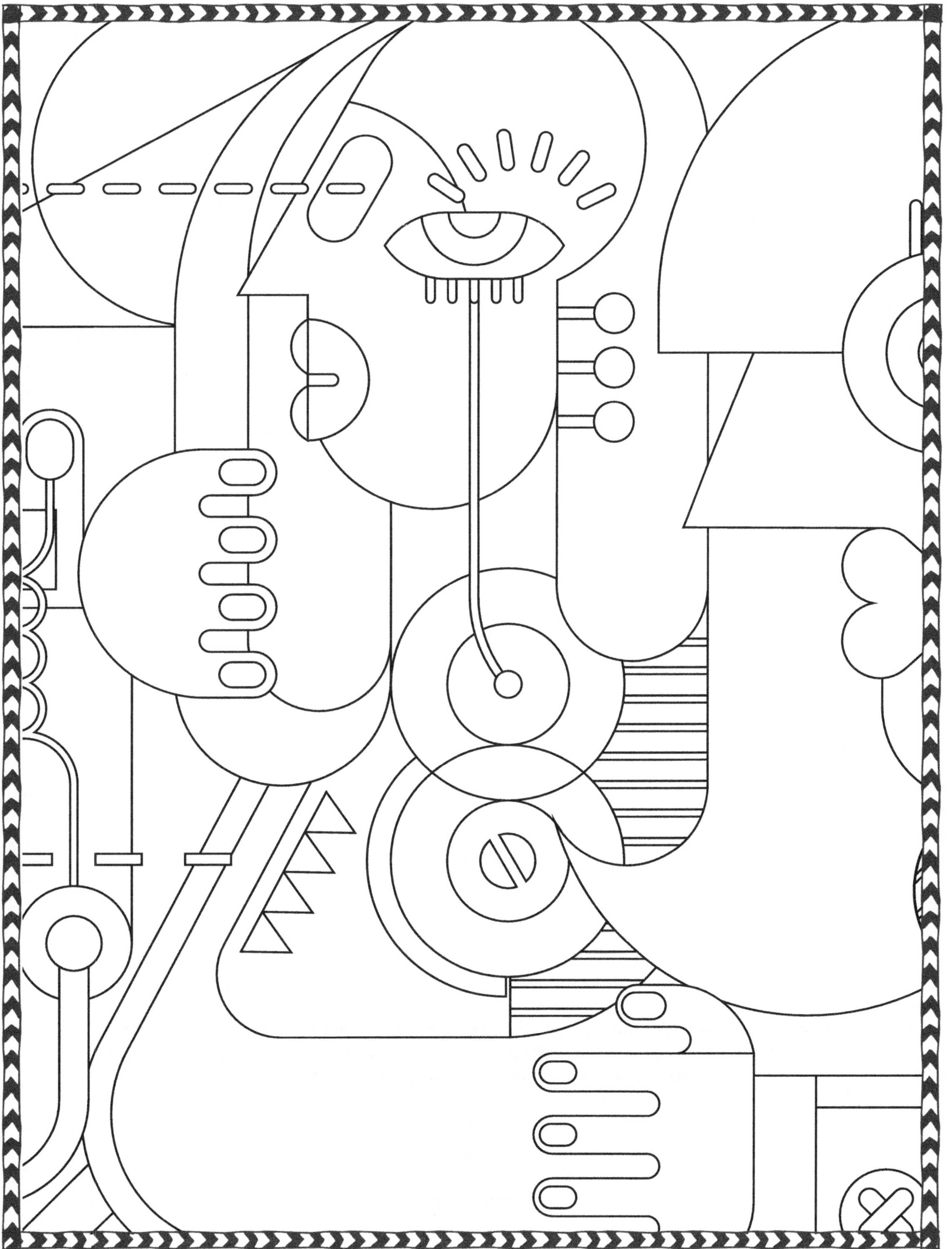

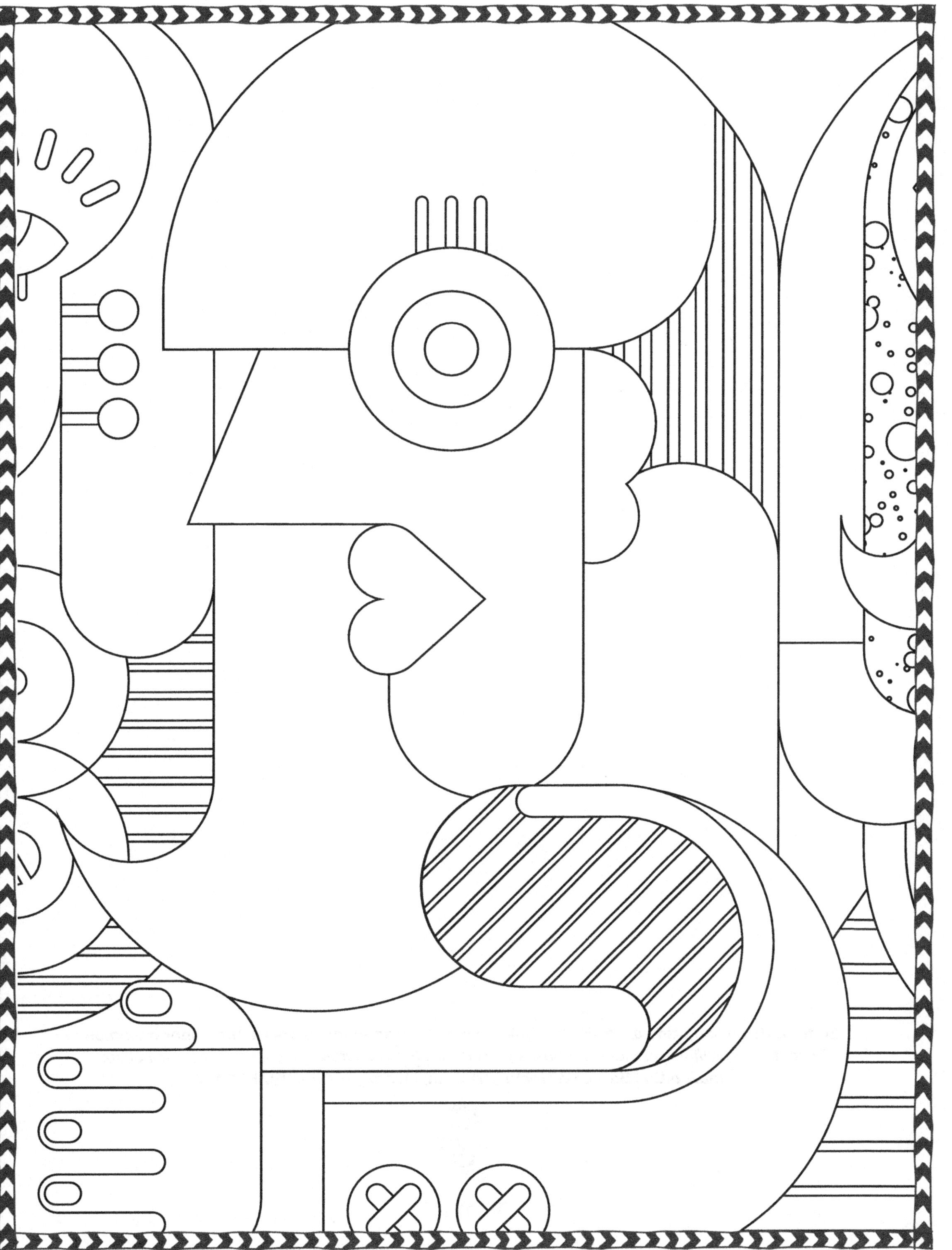

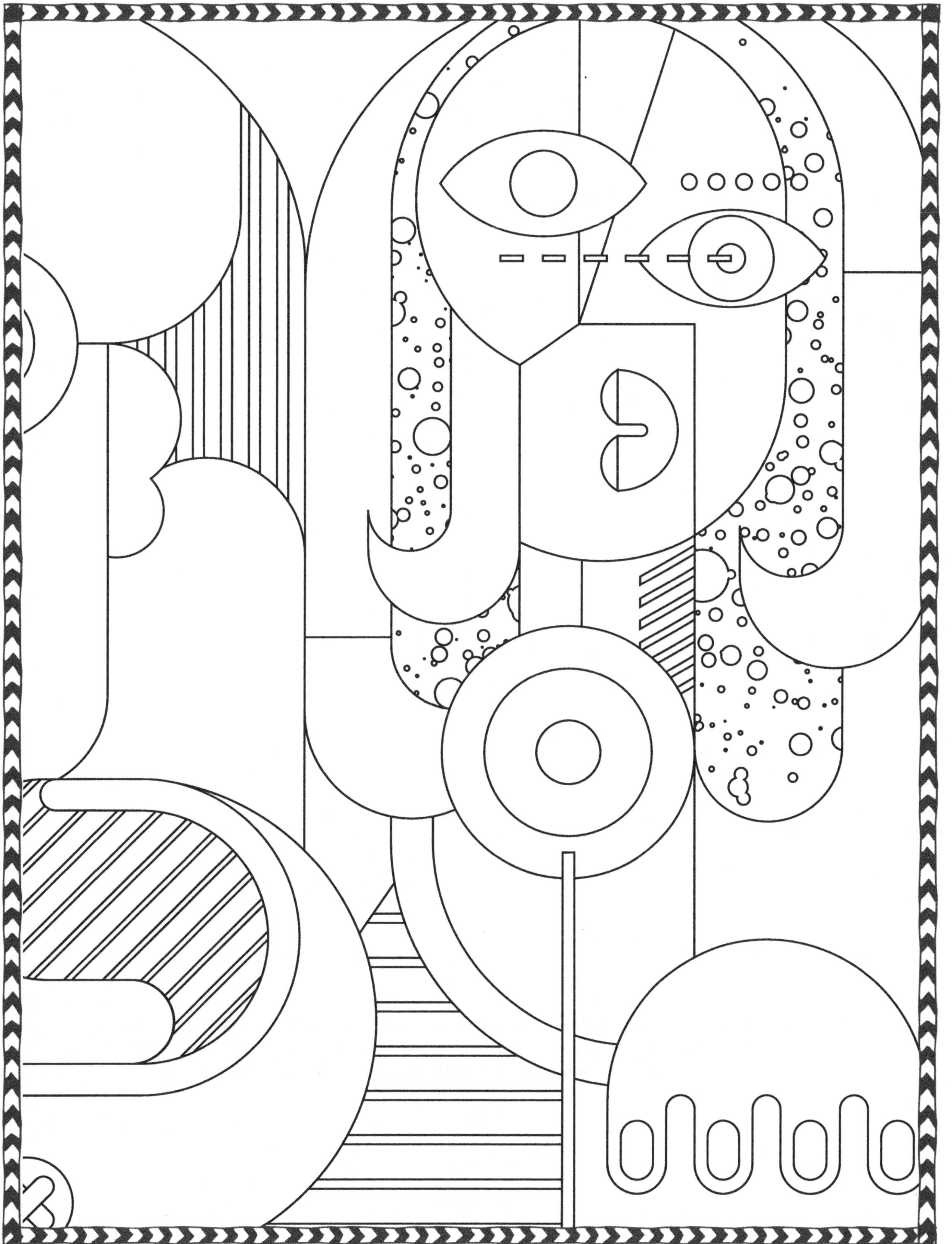

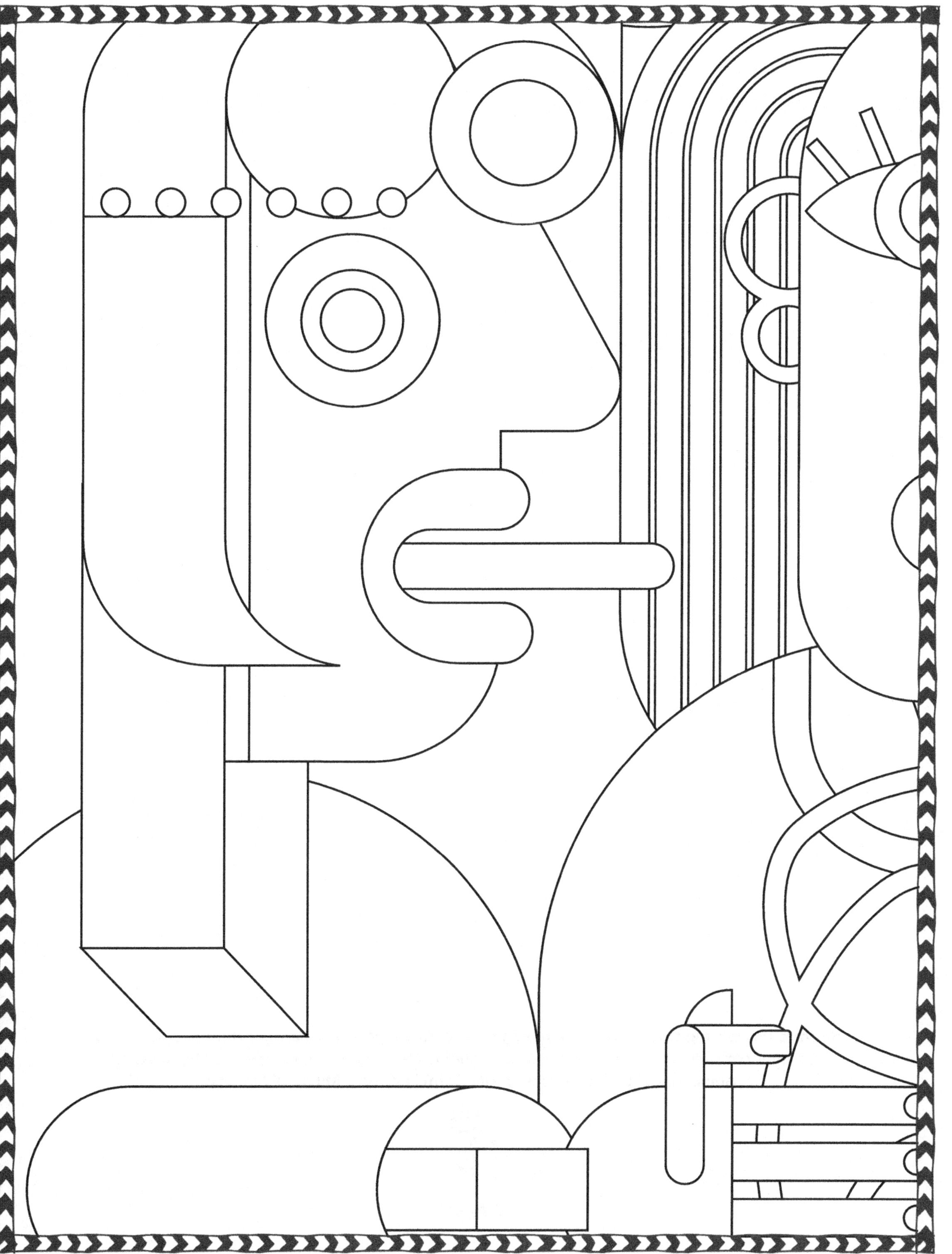

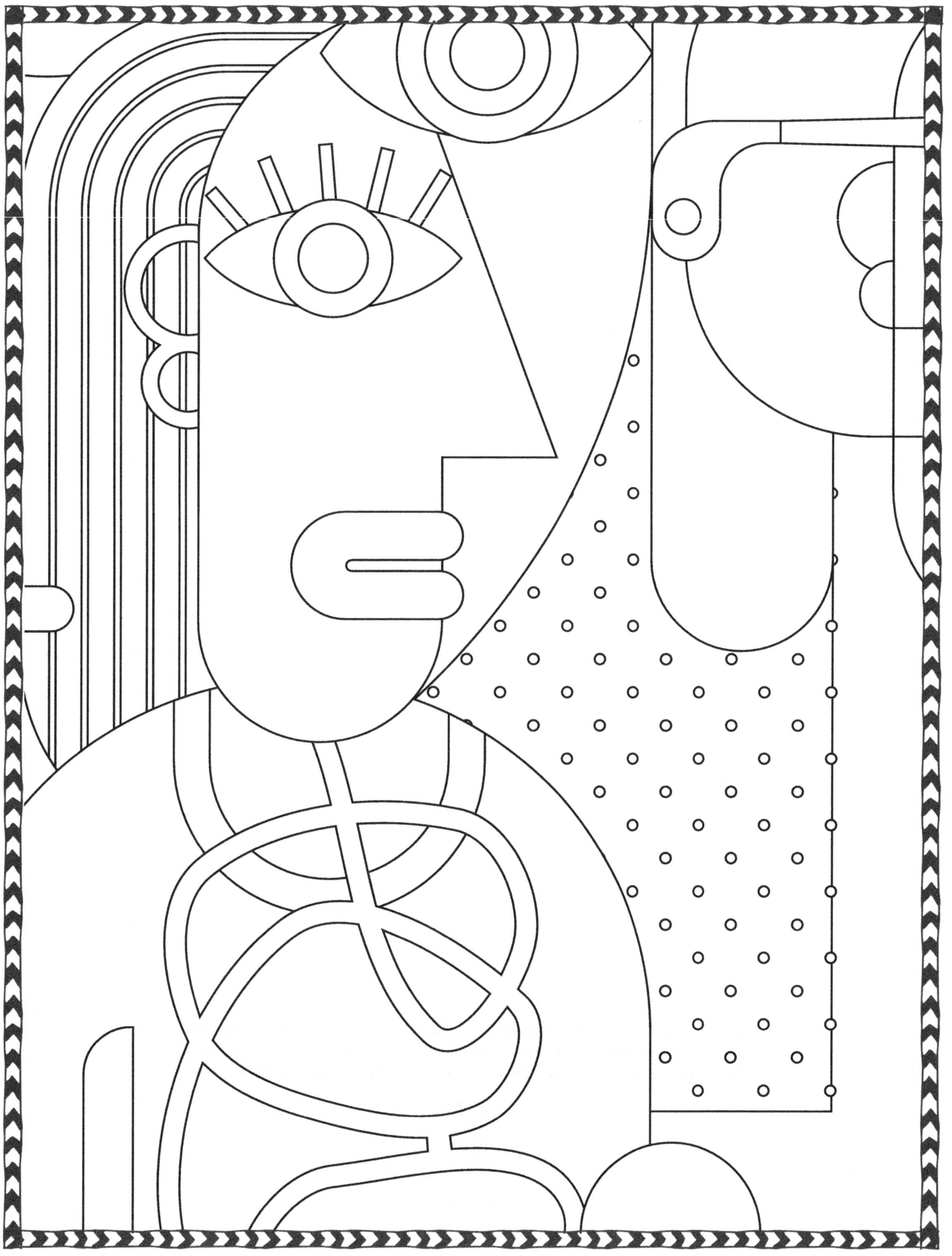

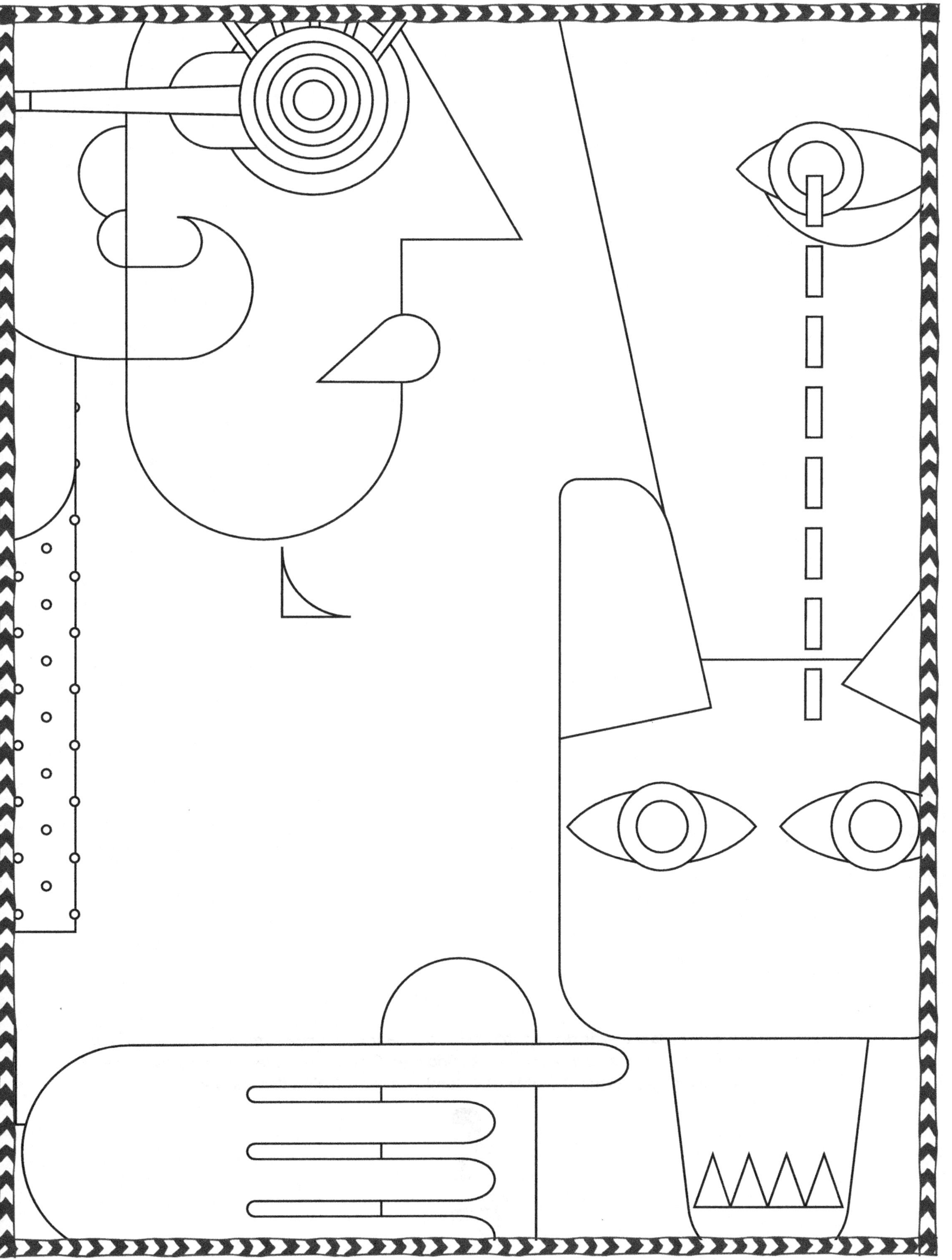

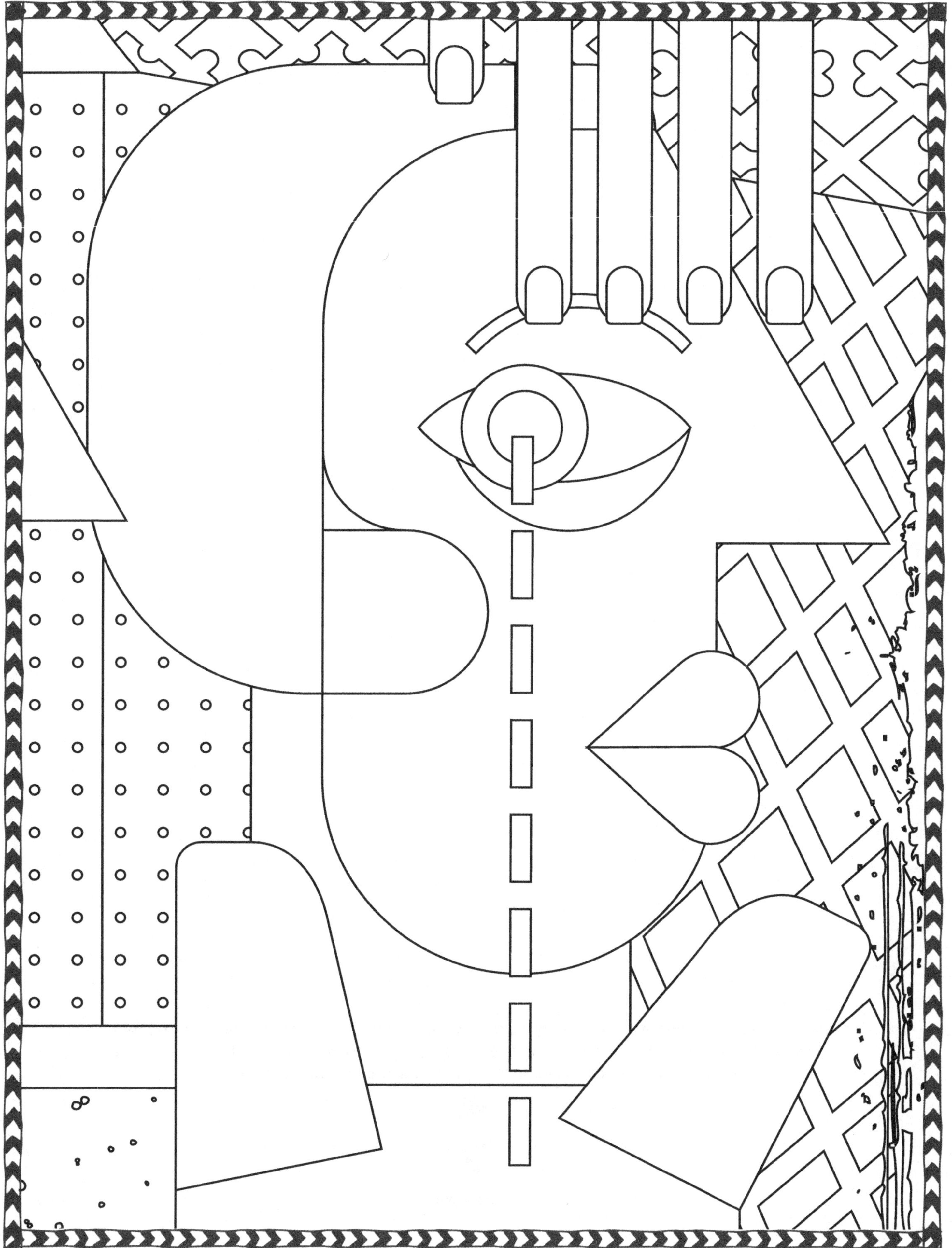

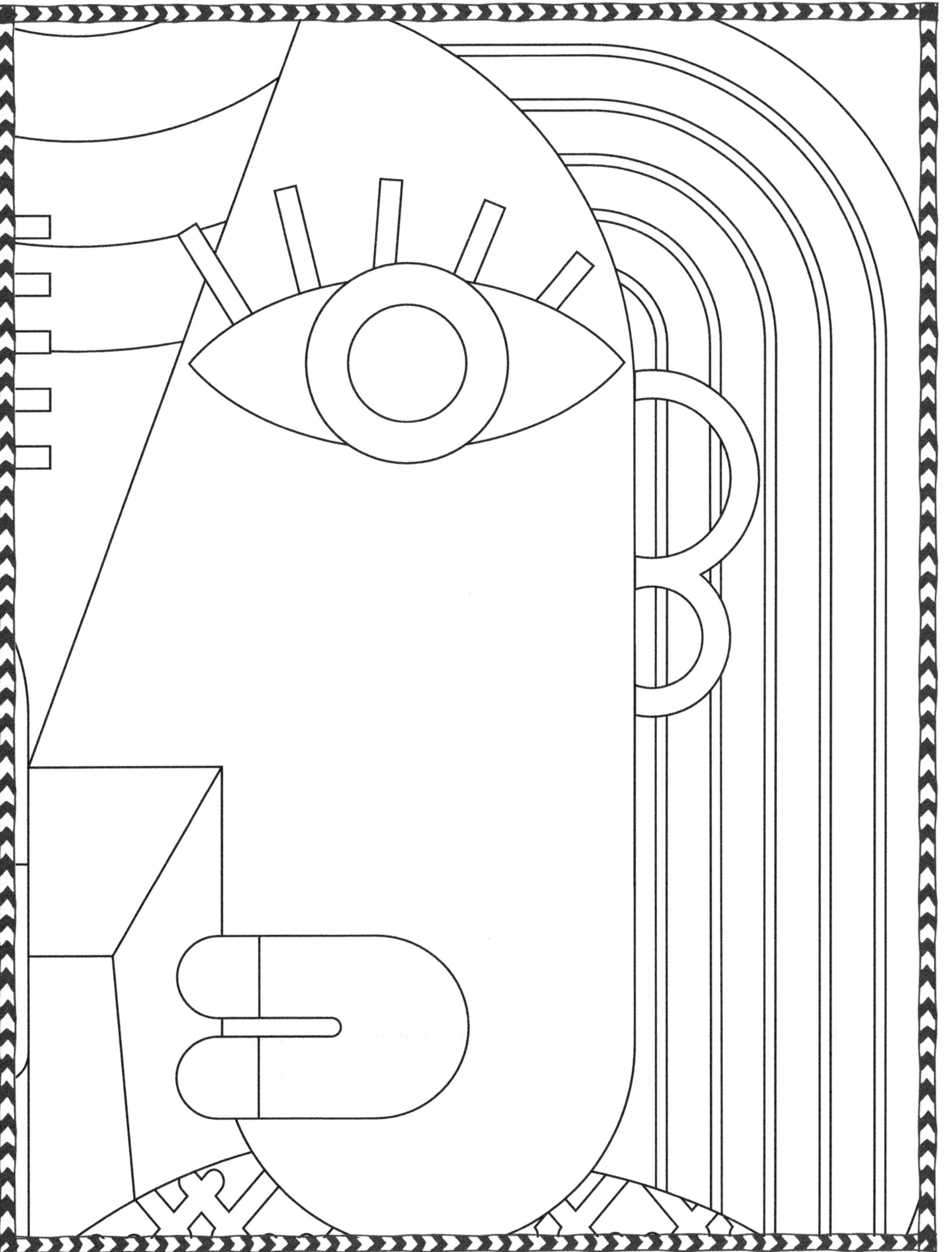

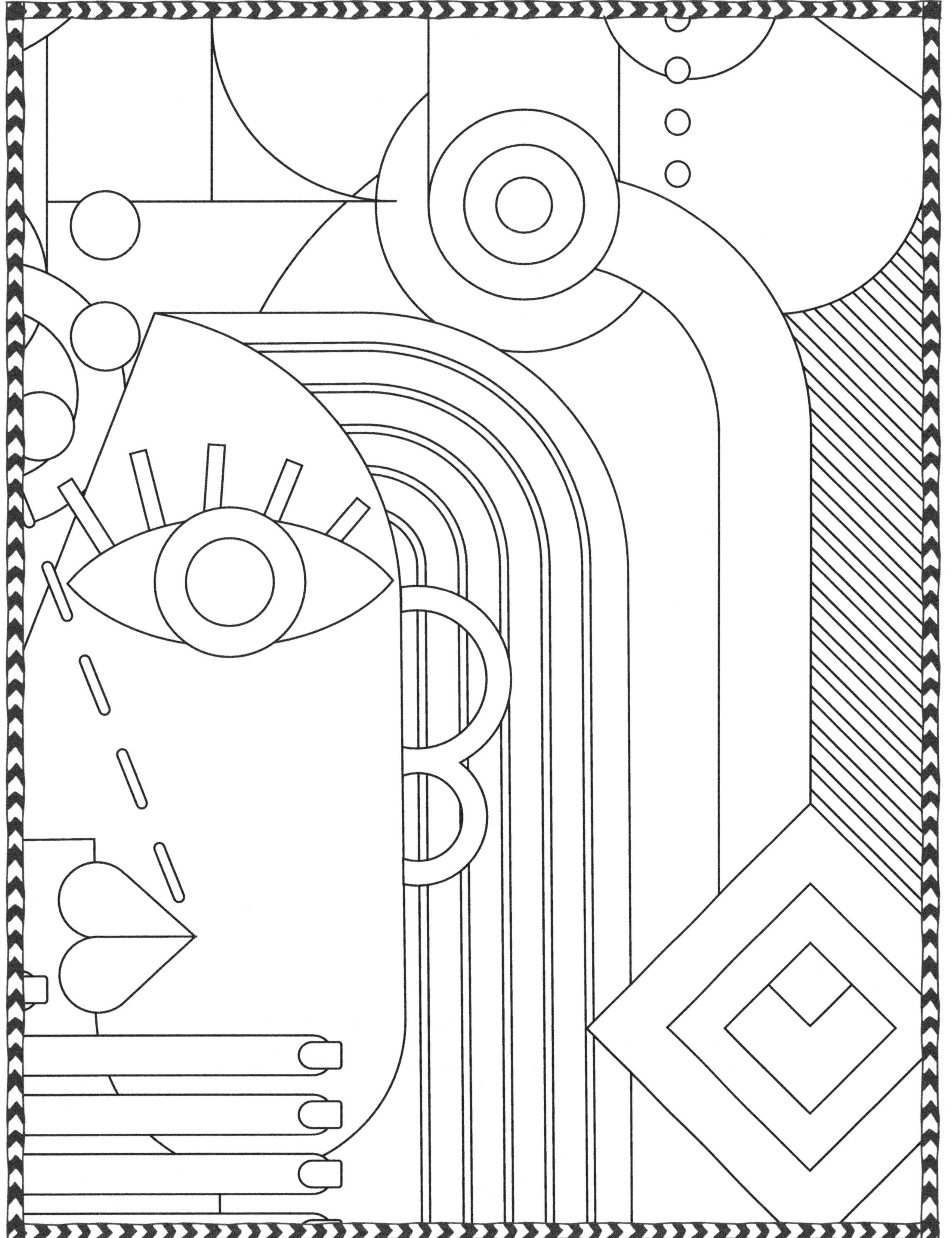

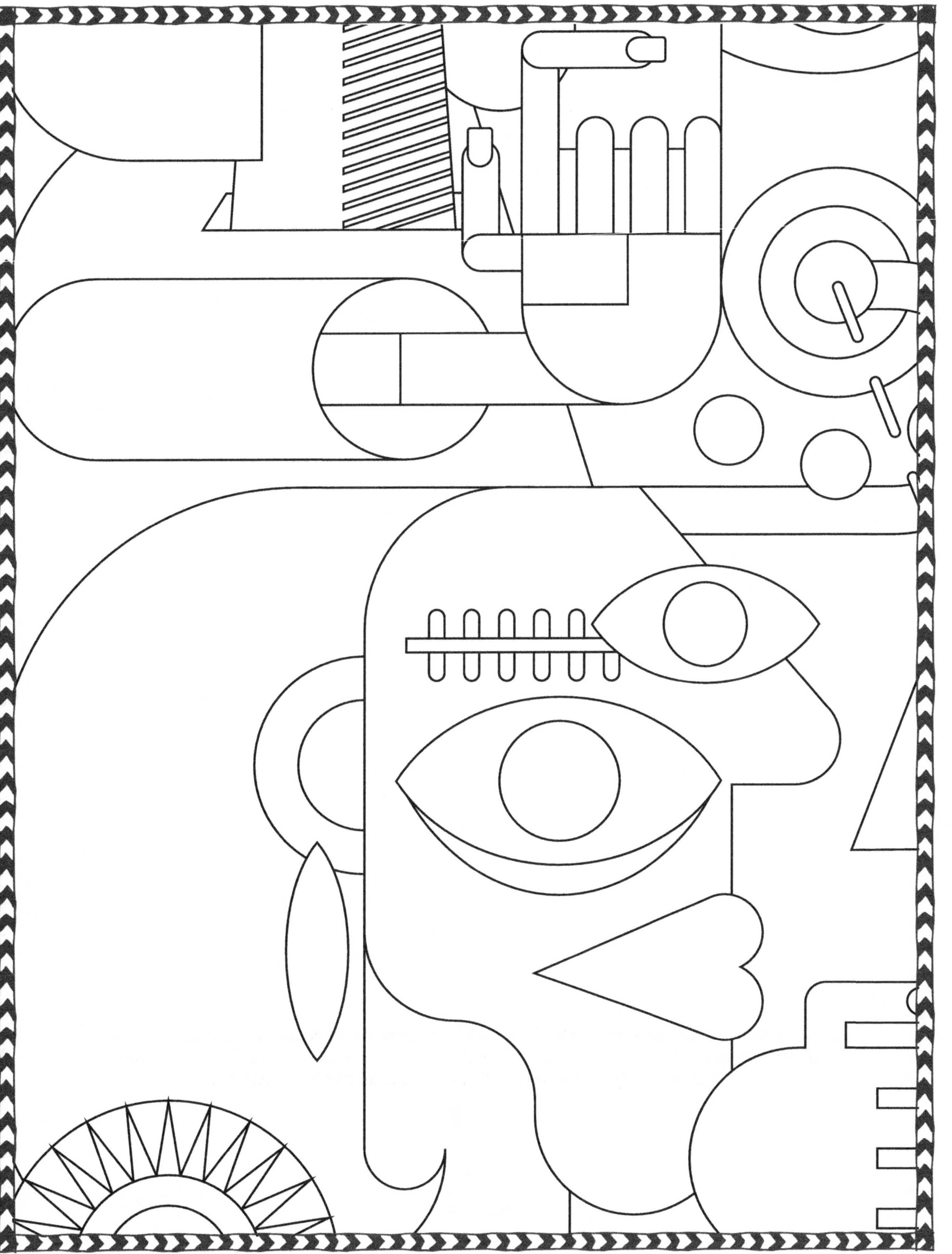

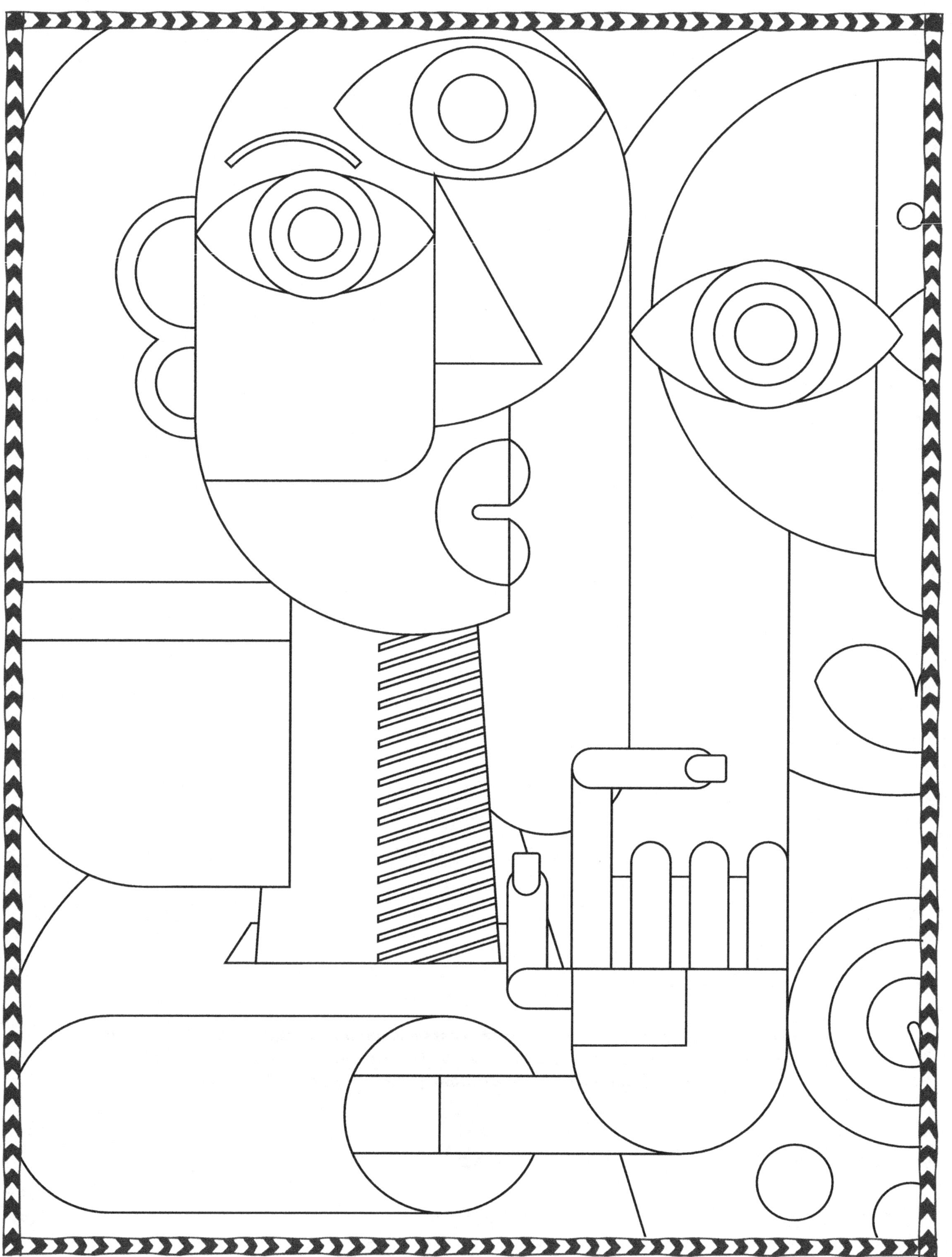

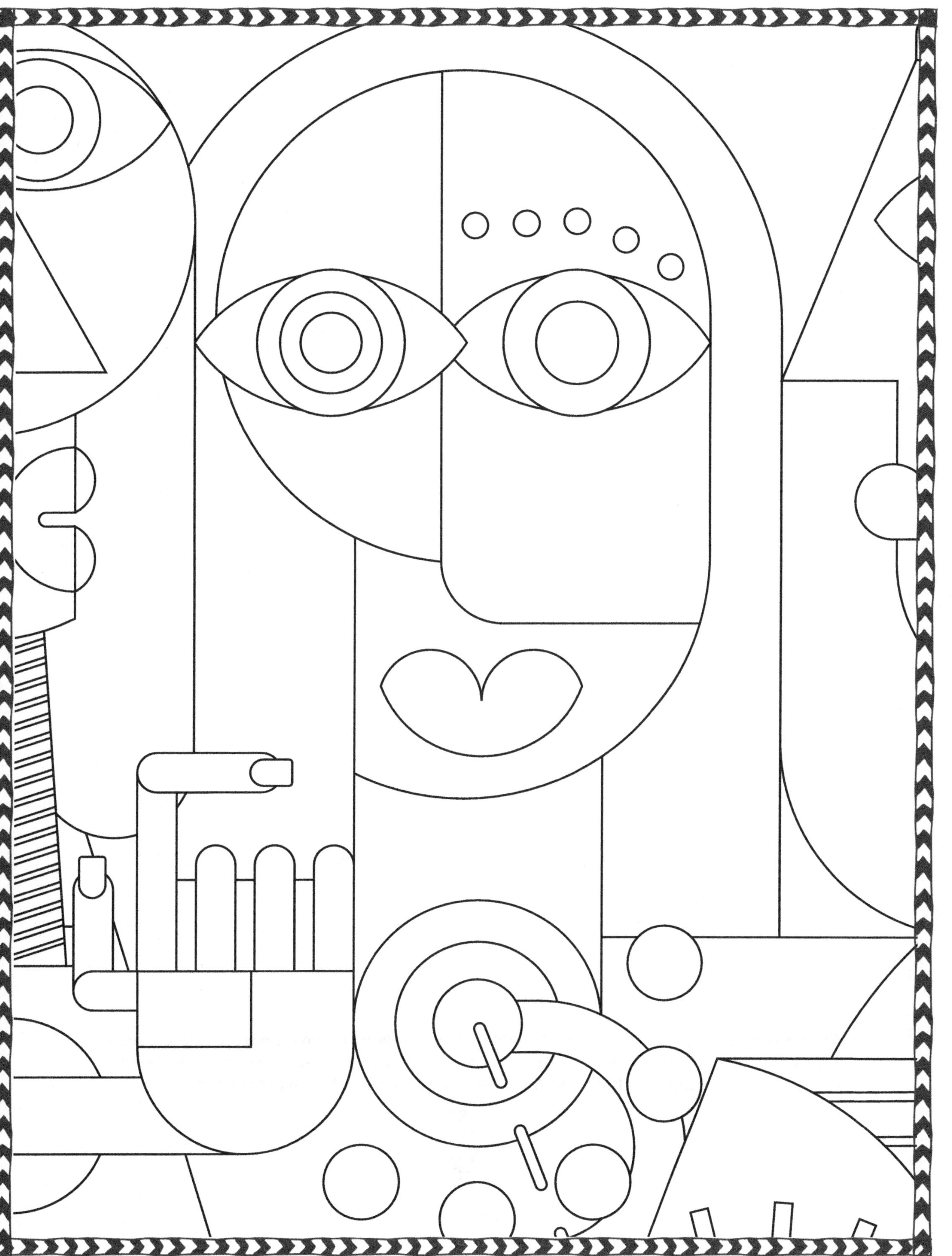

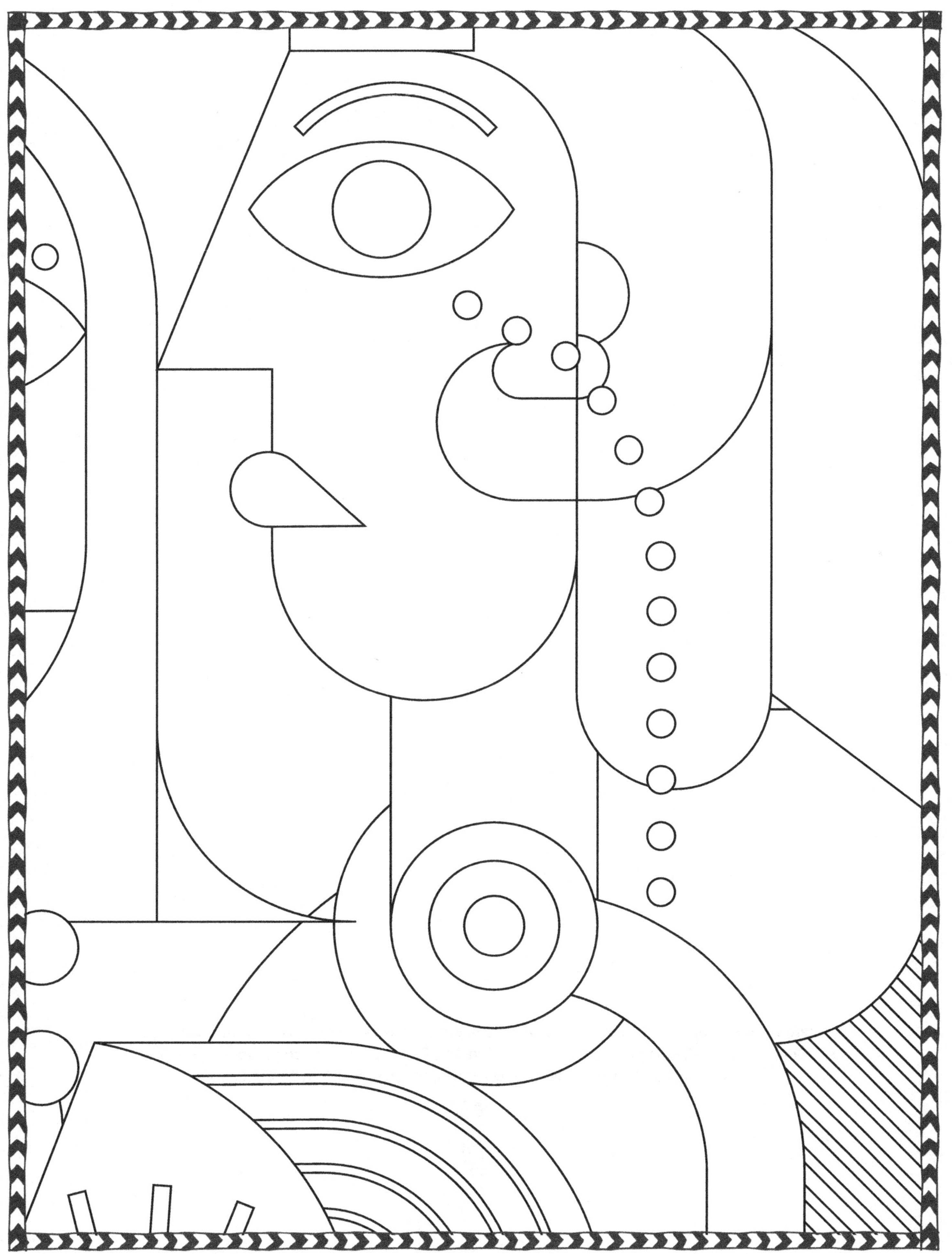

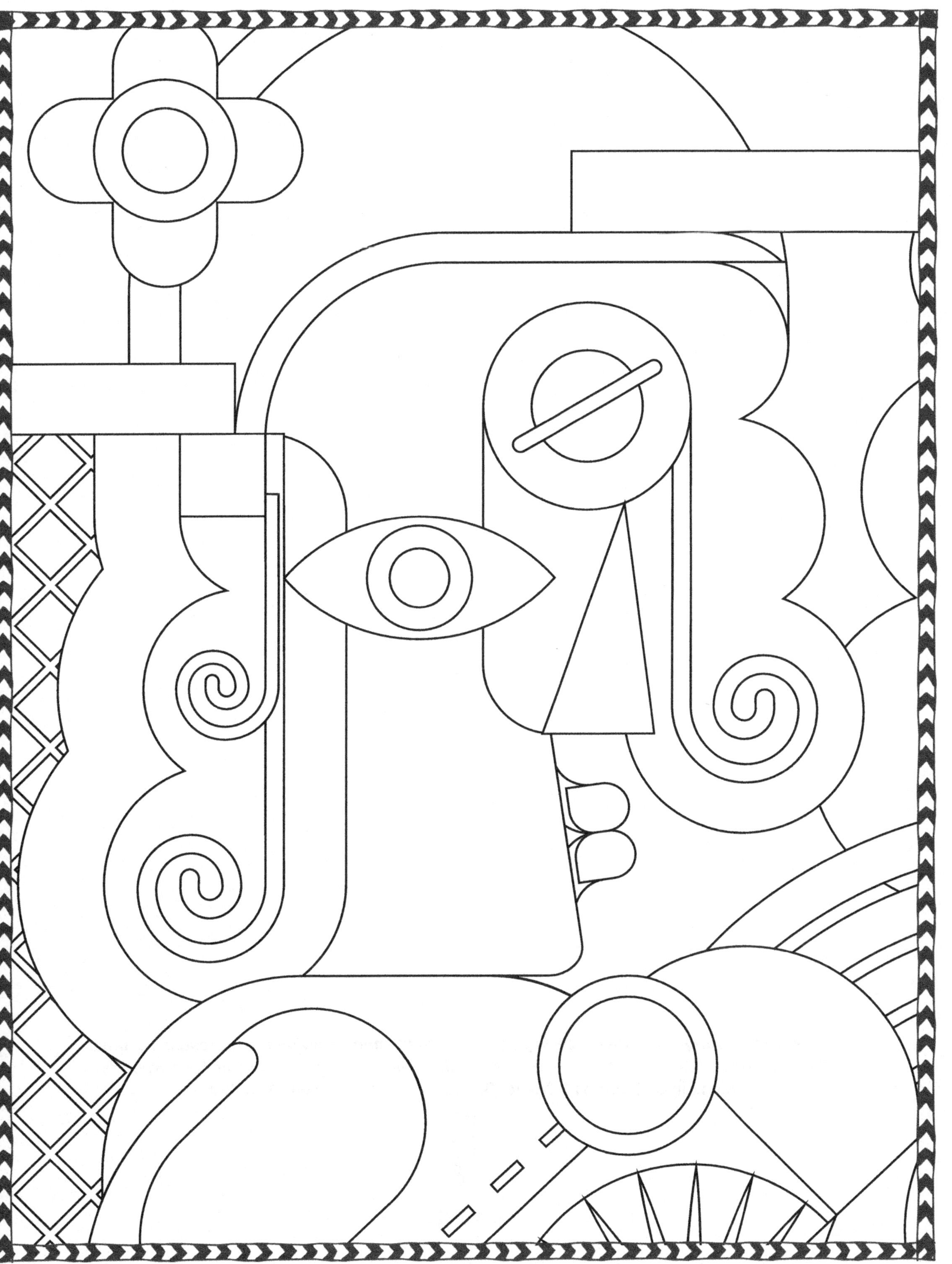

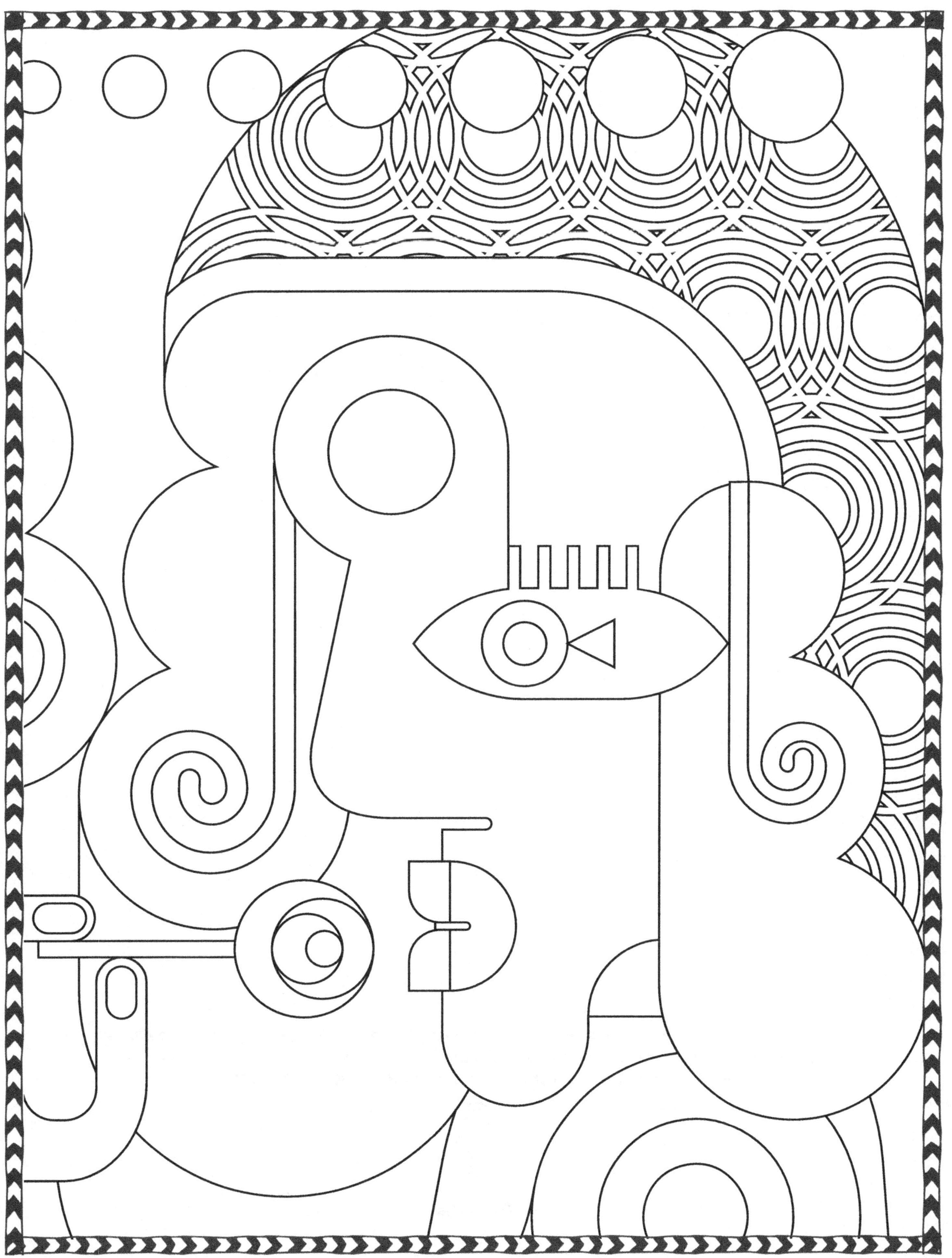

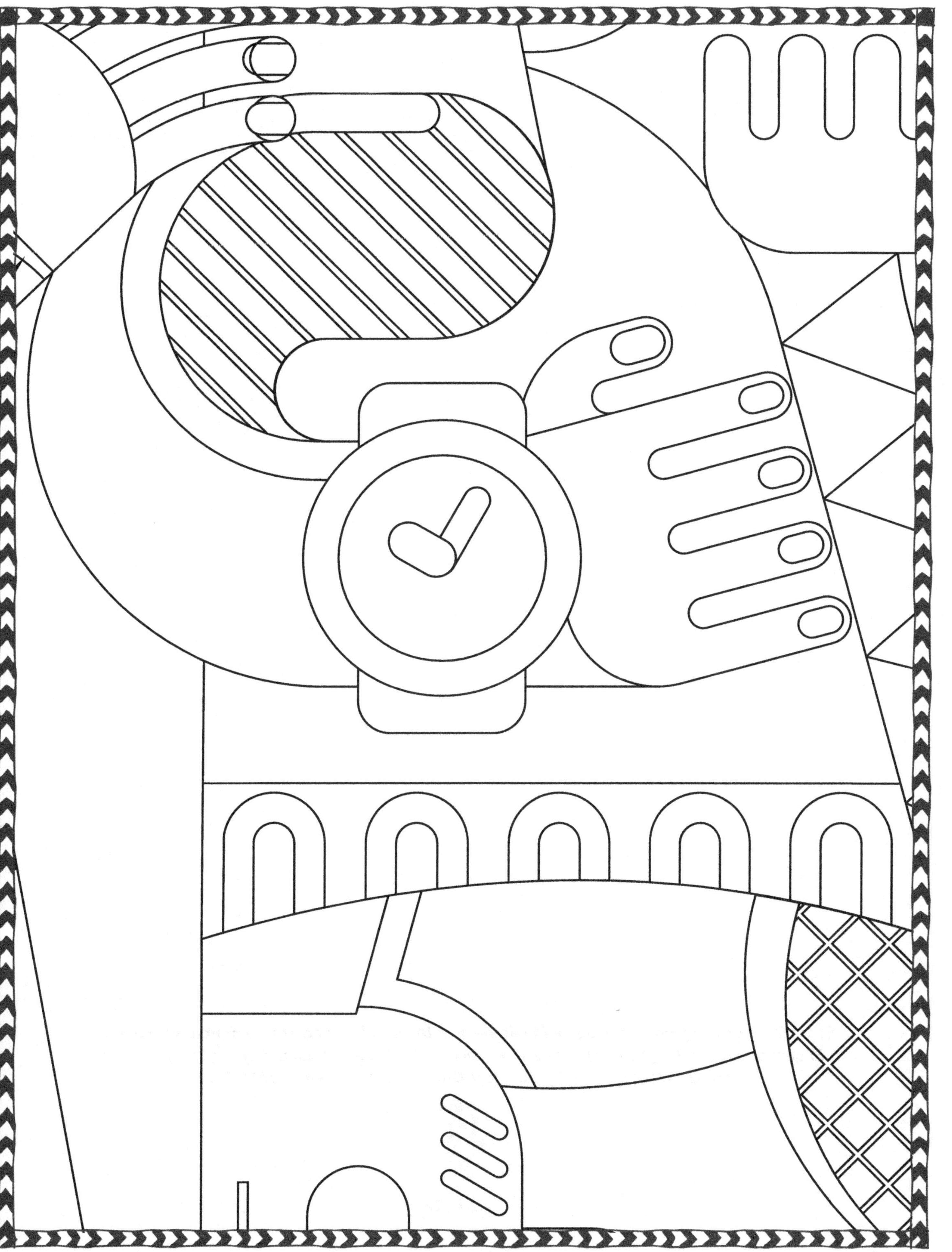

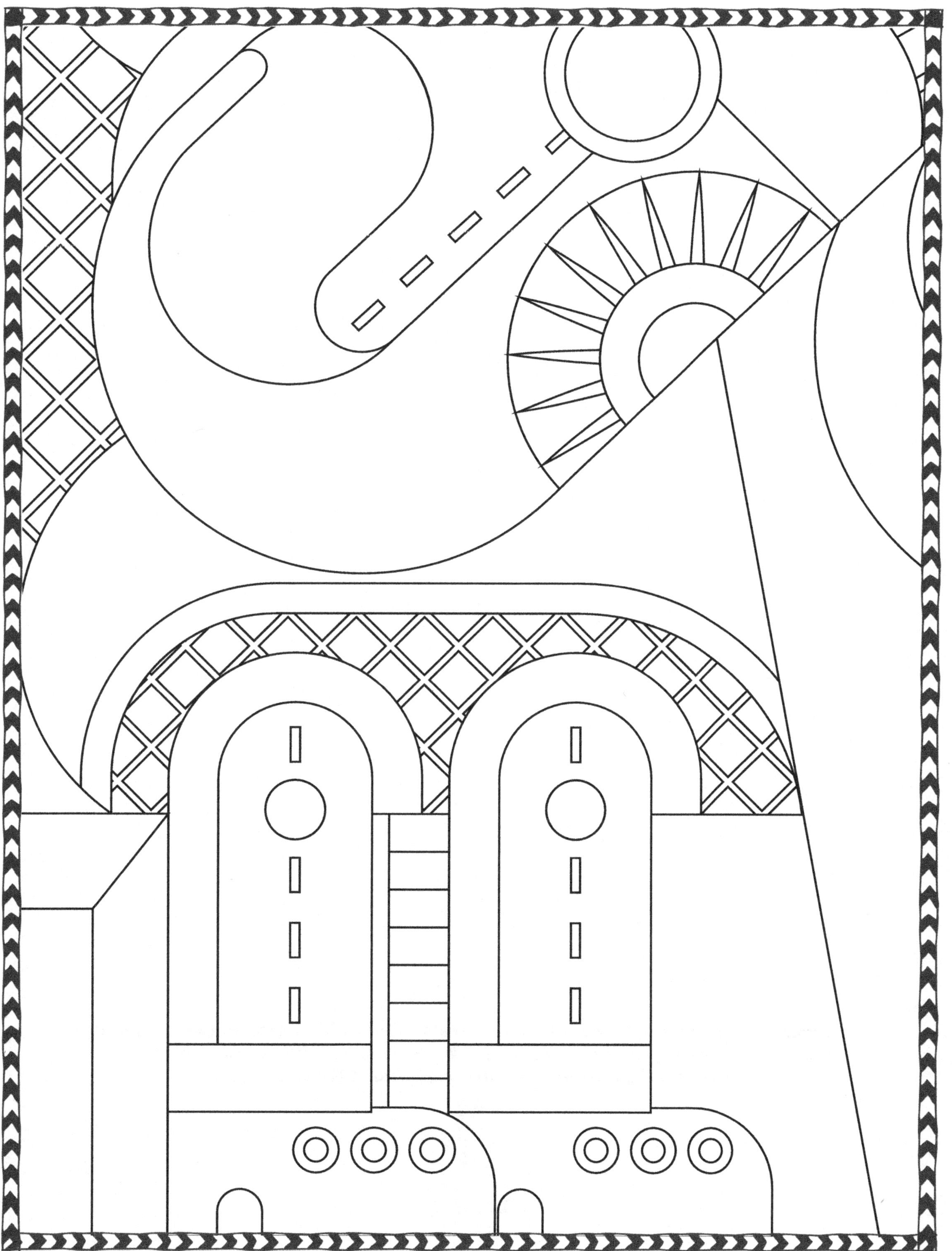

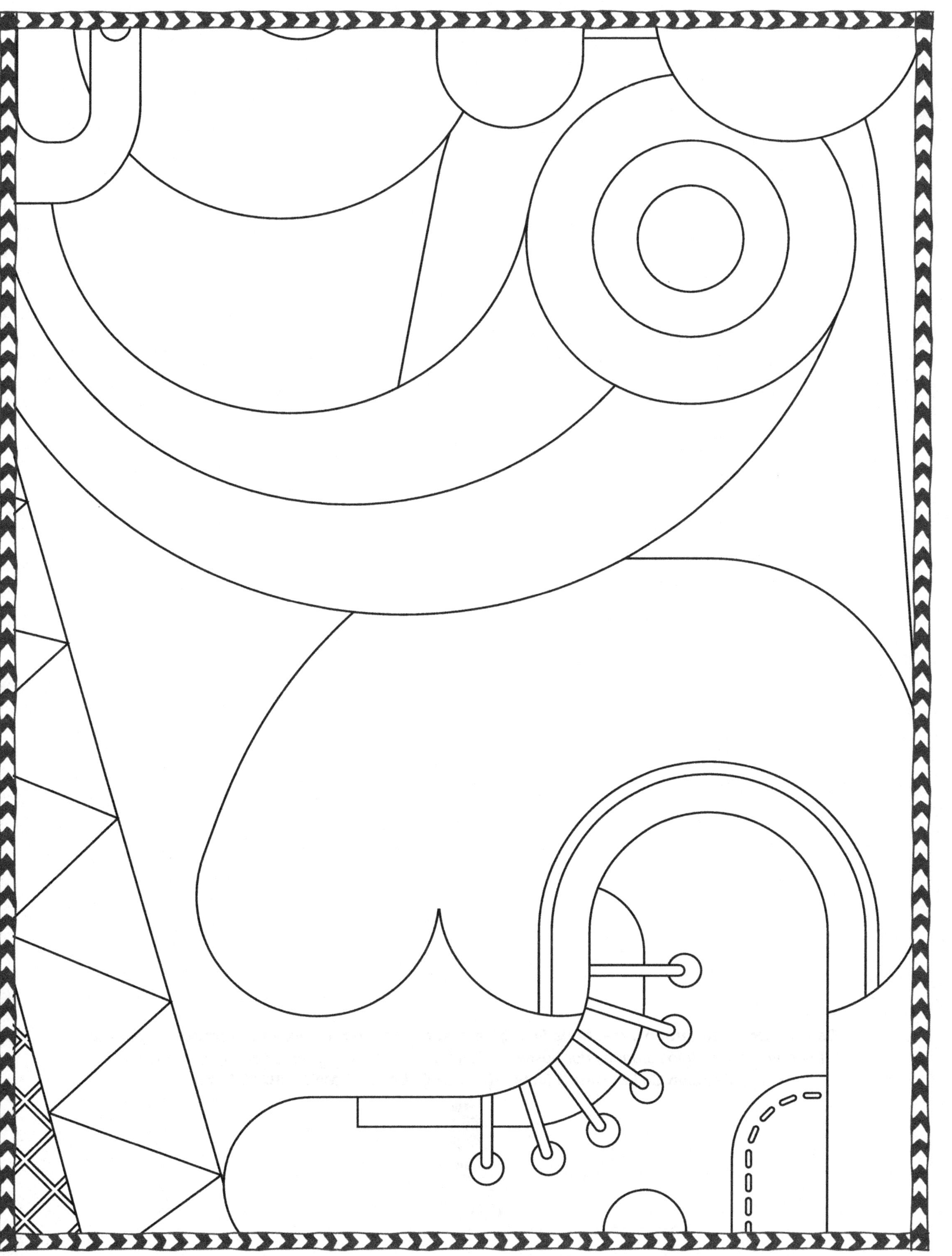

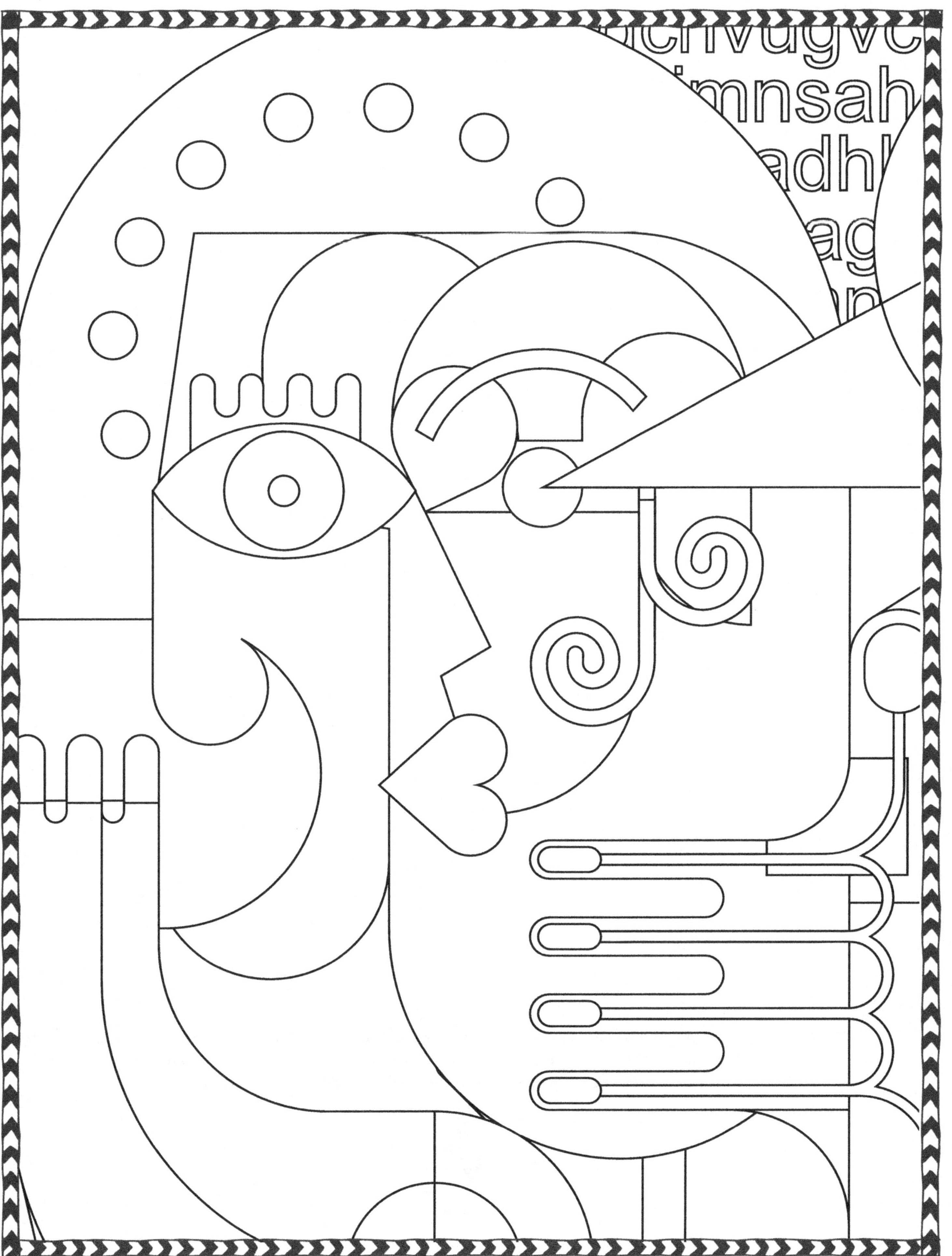
crivugvc
mnsah
adh
ag
n

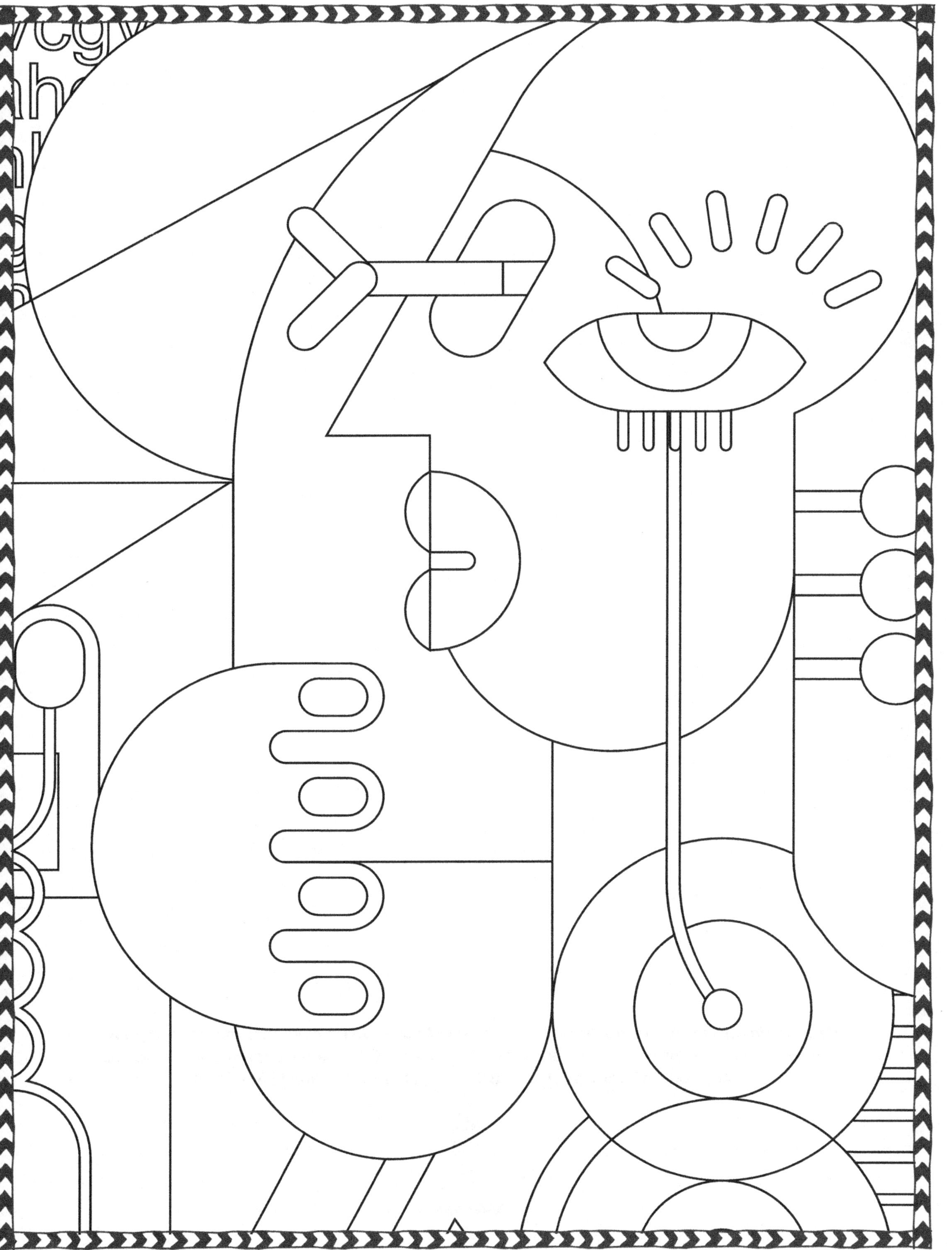

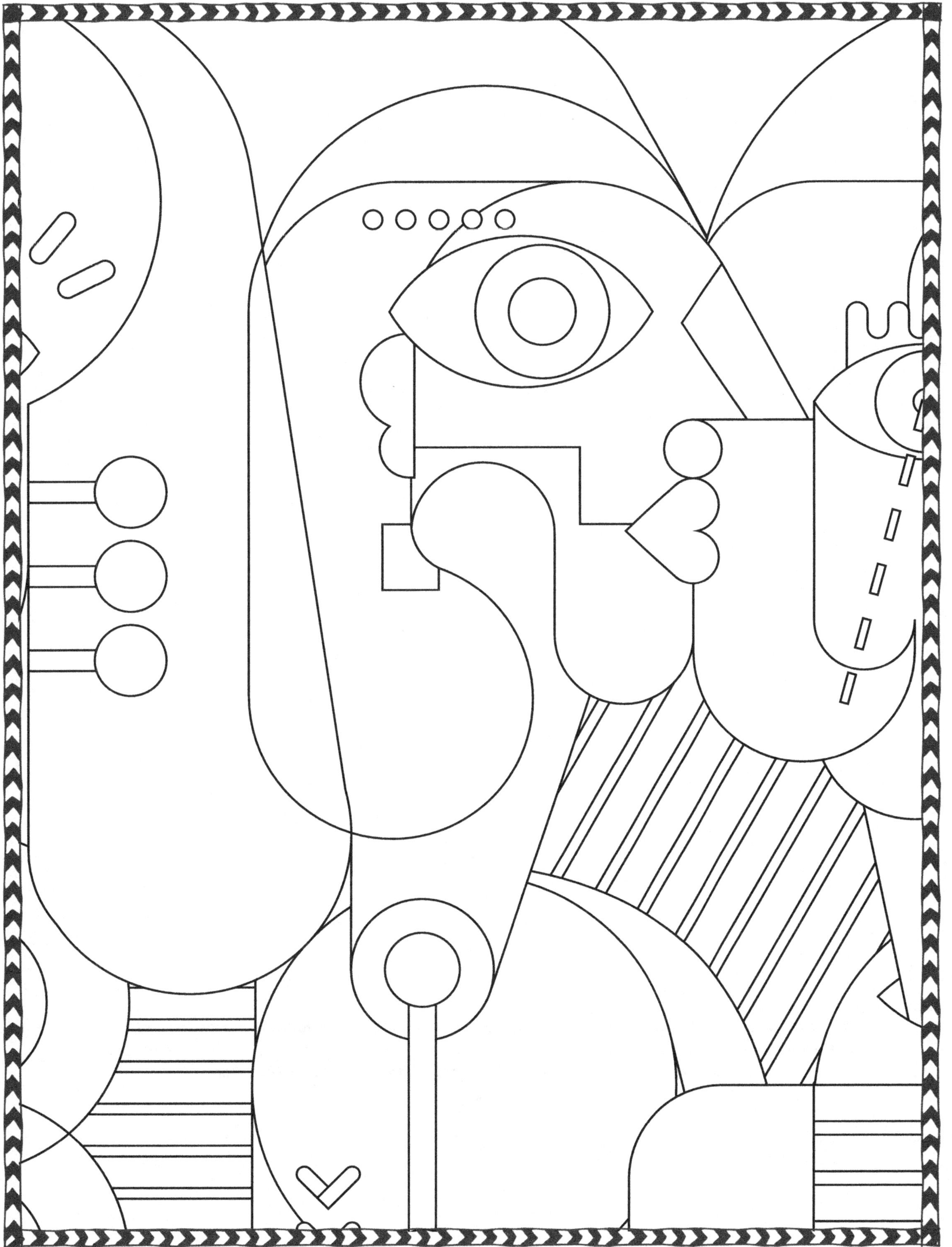

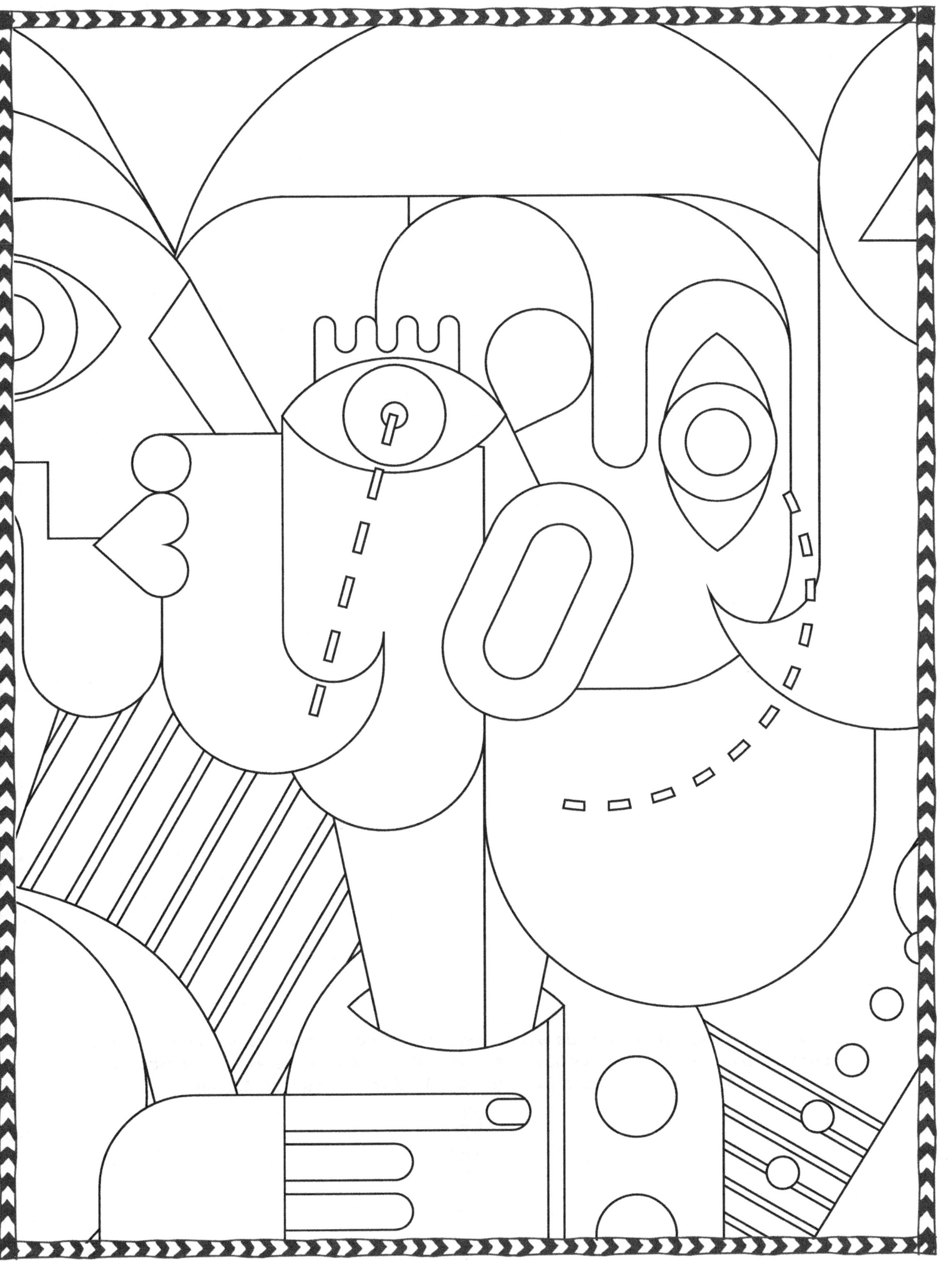

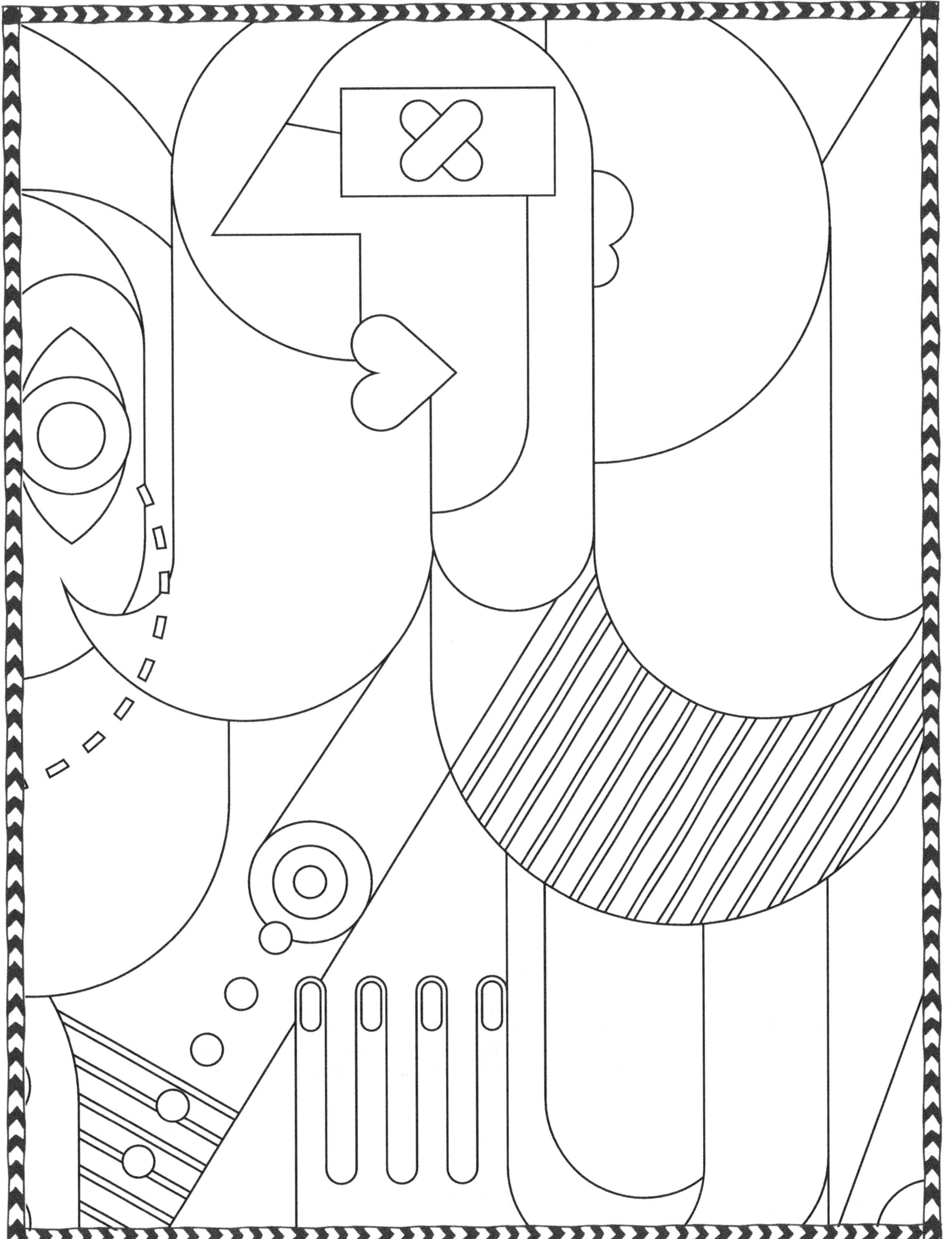

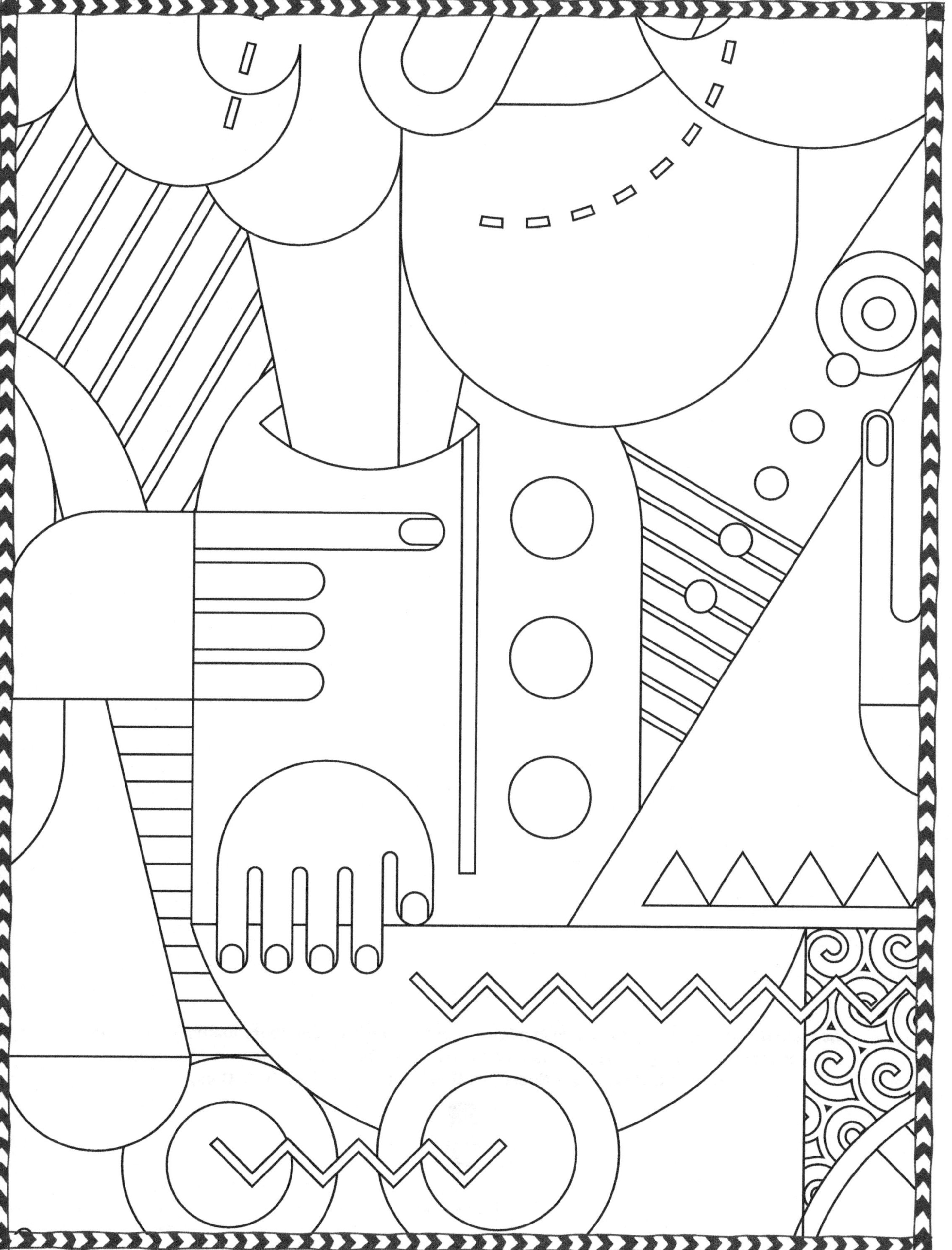

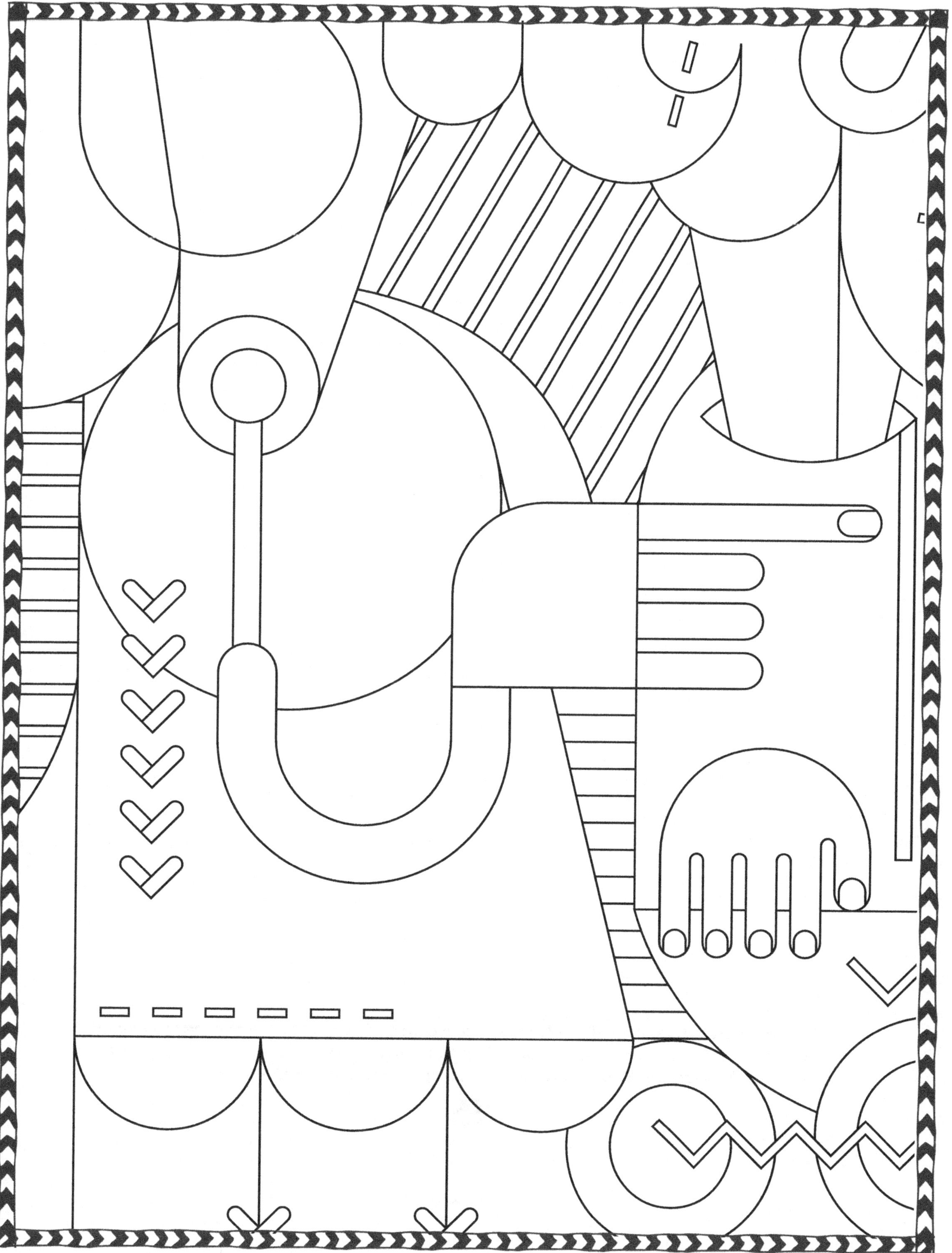

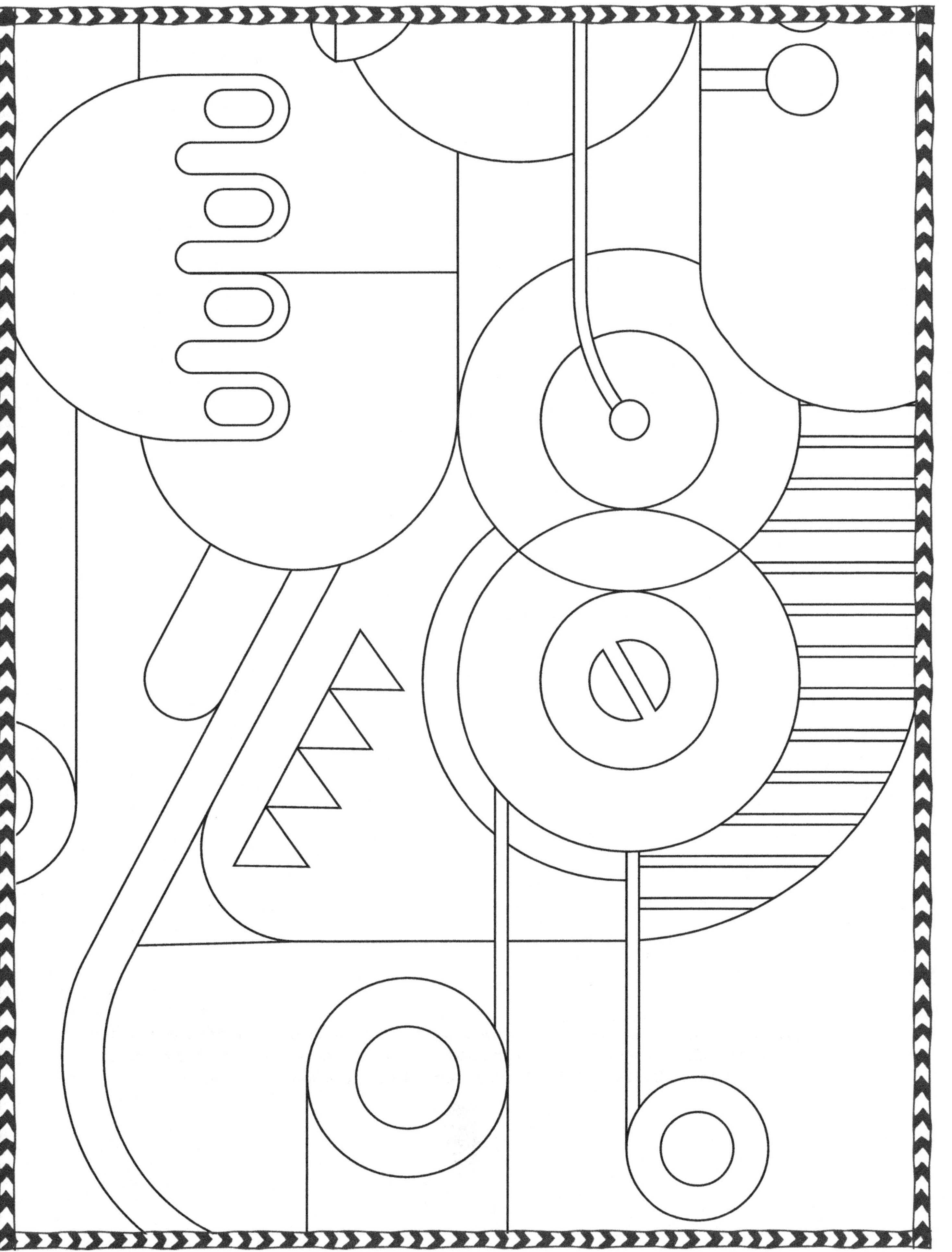

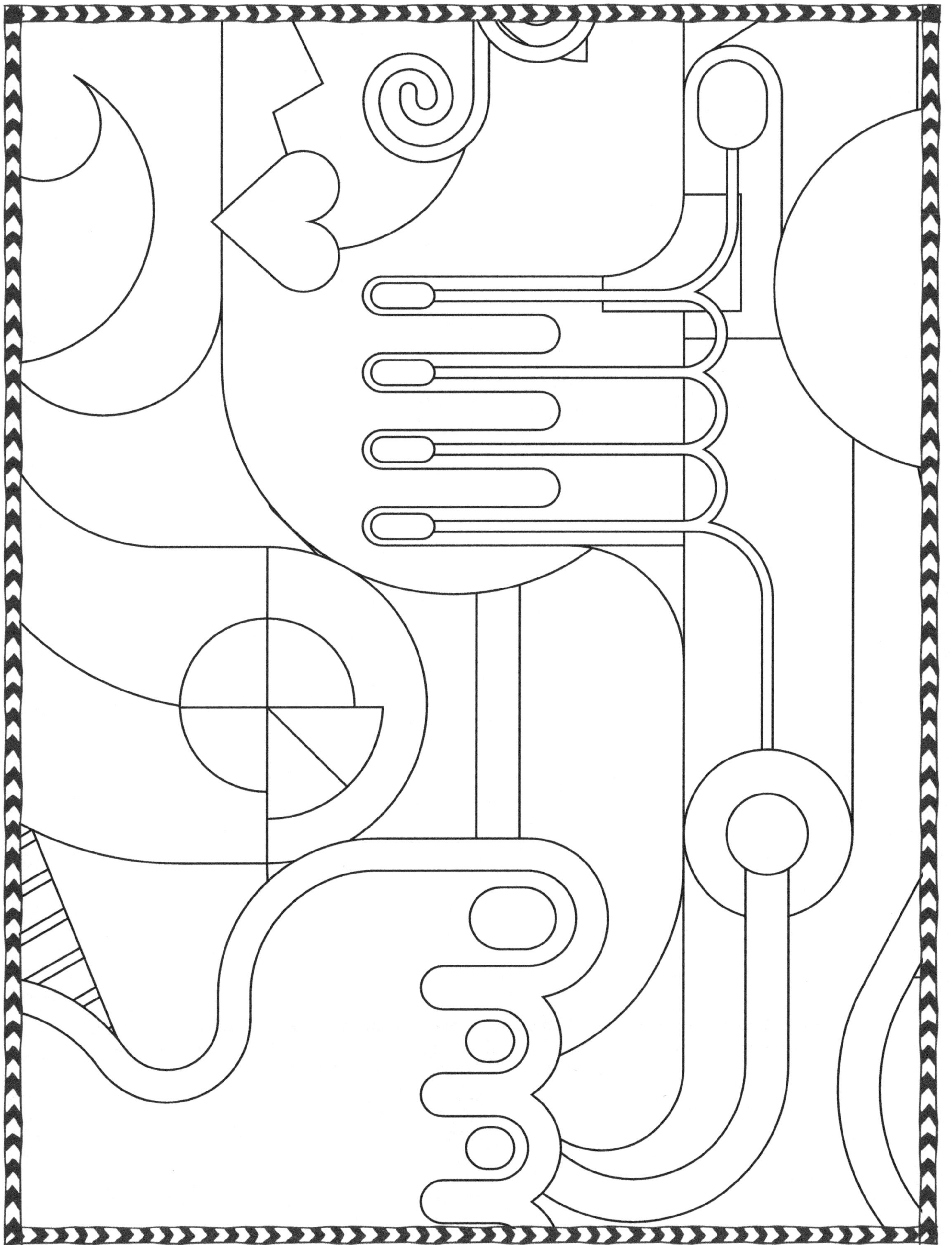

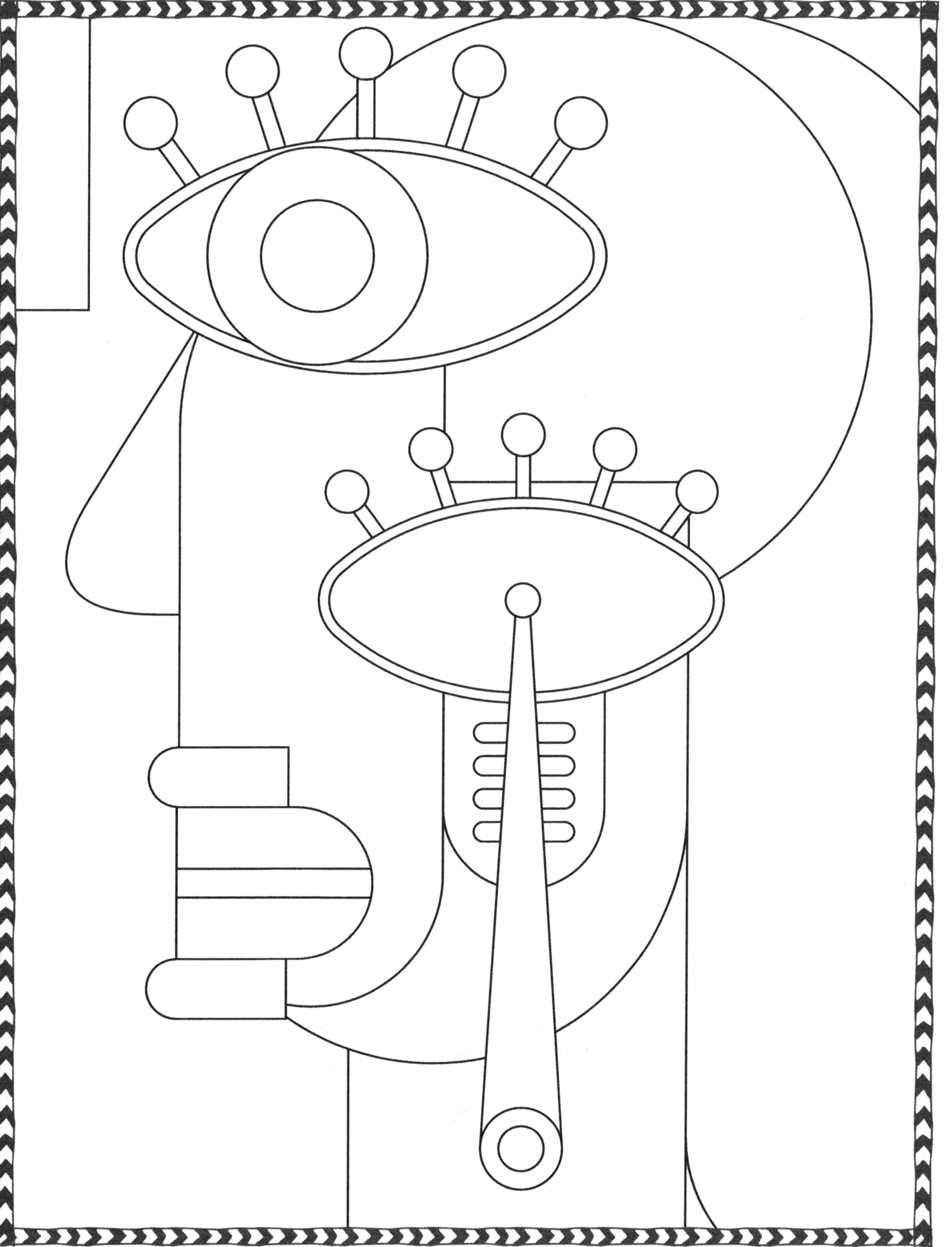

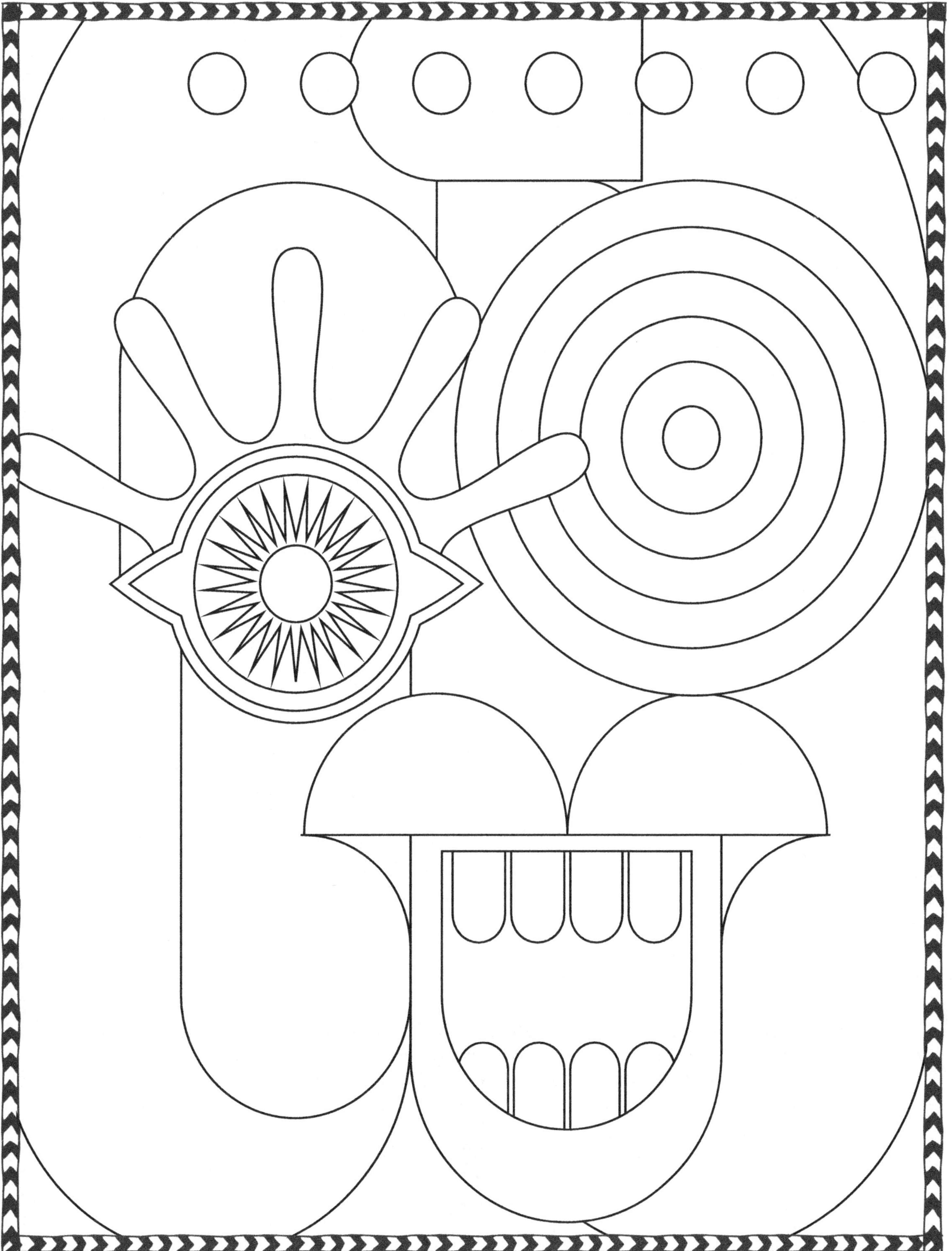

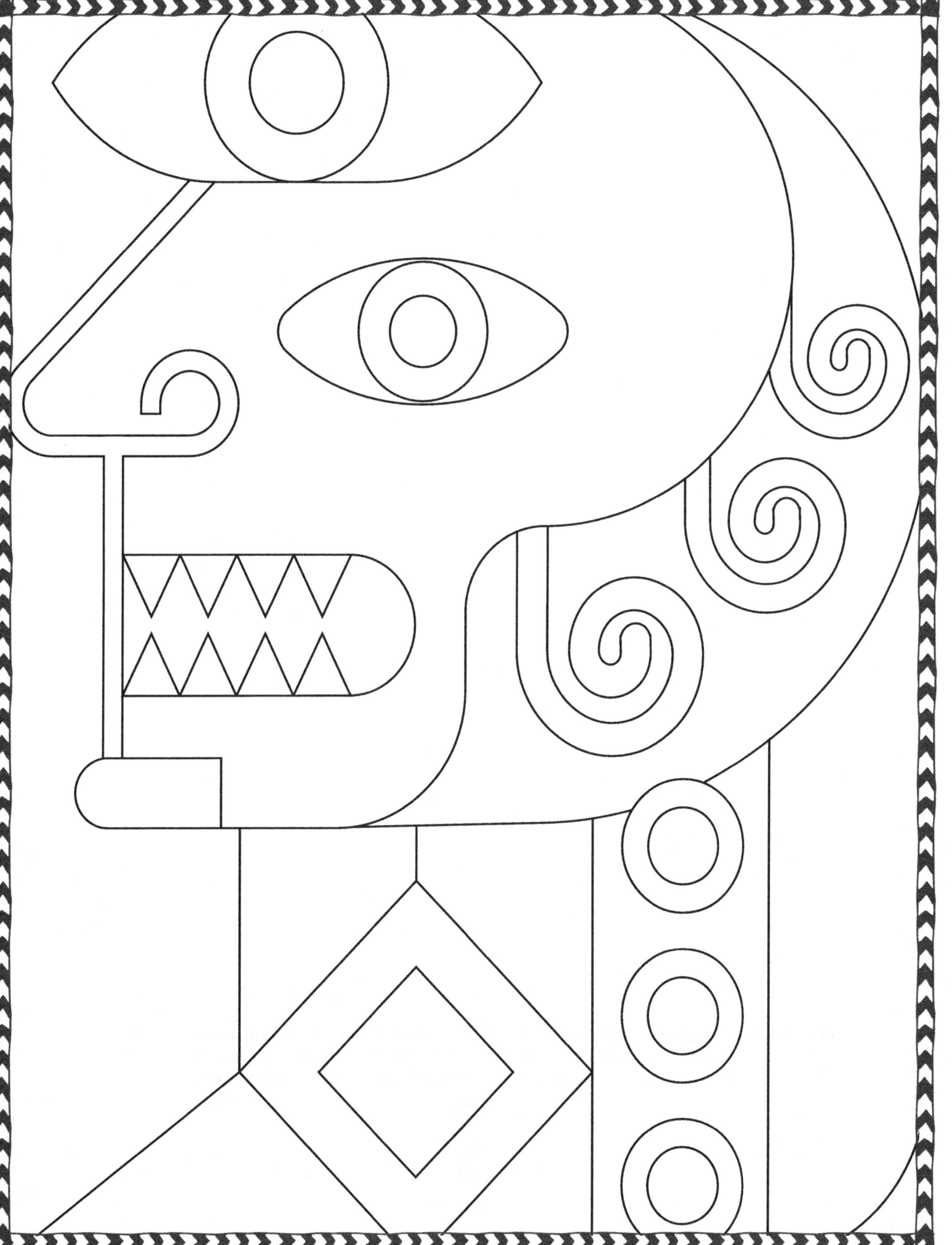

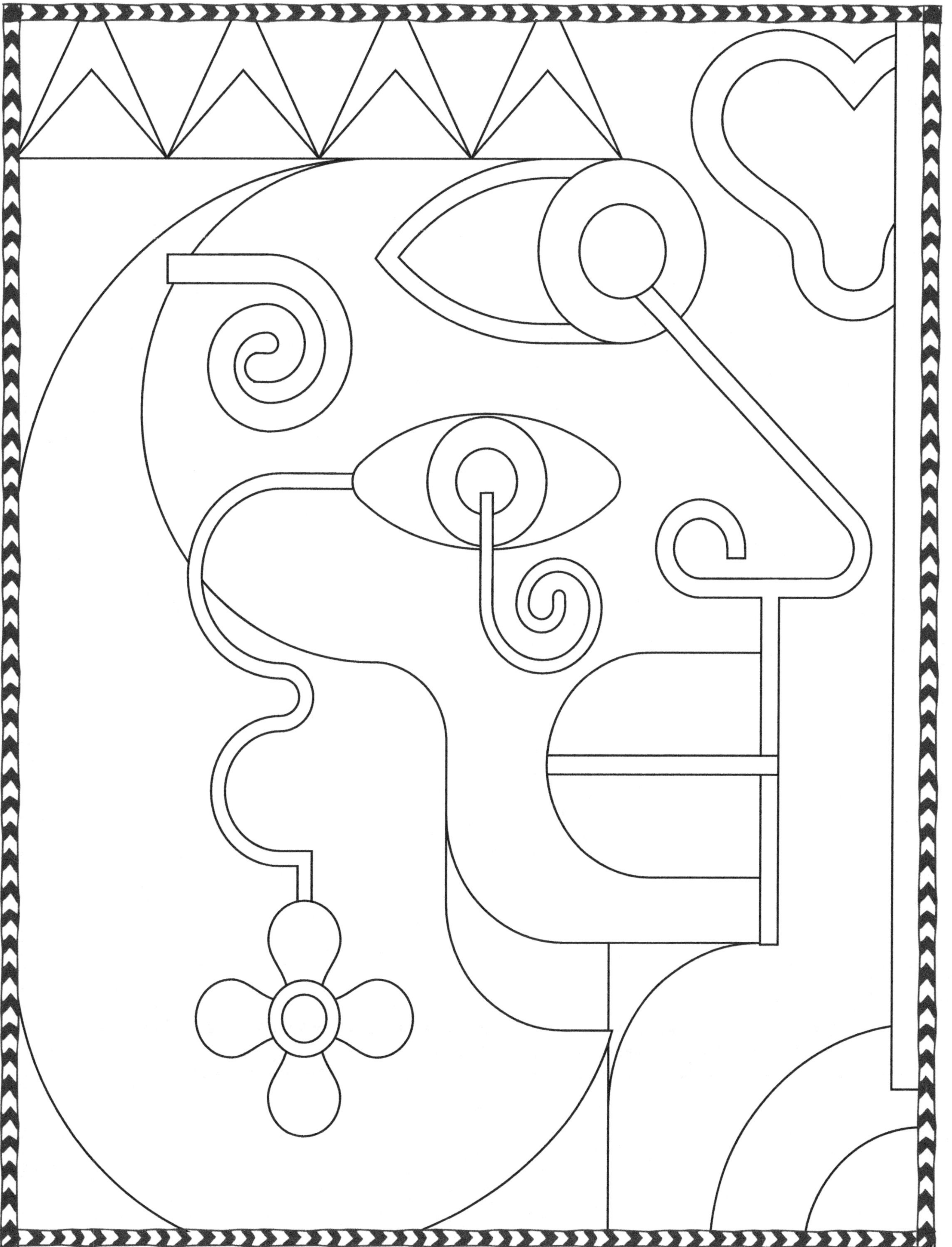

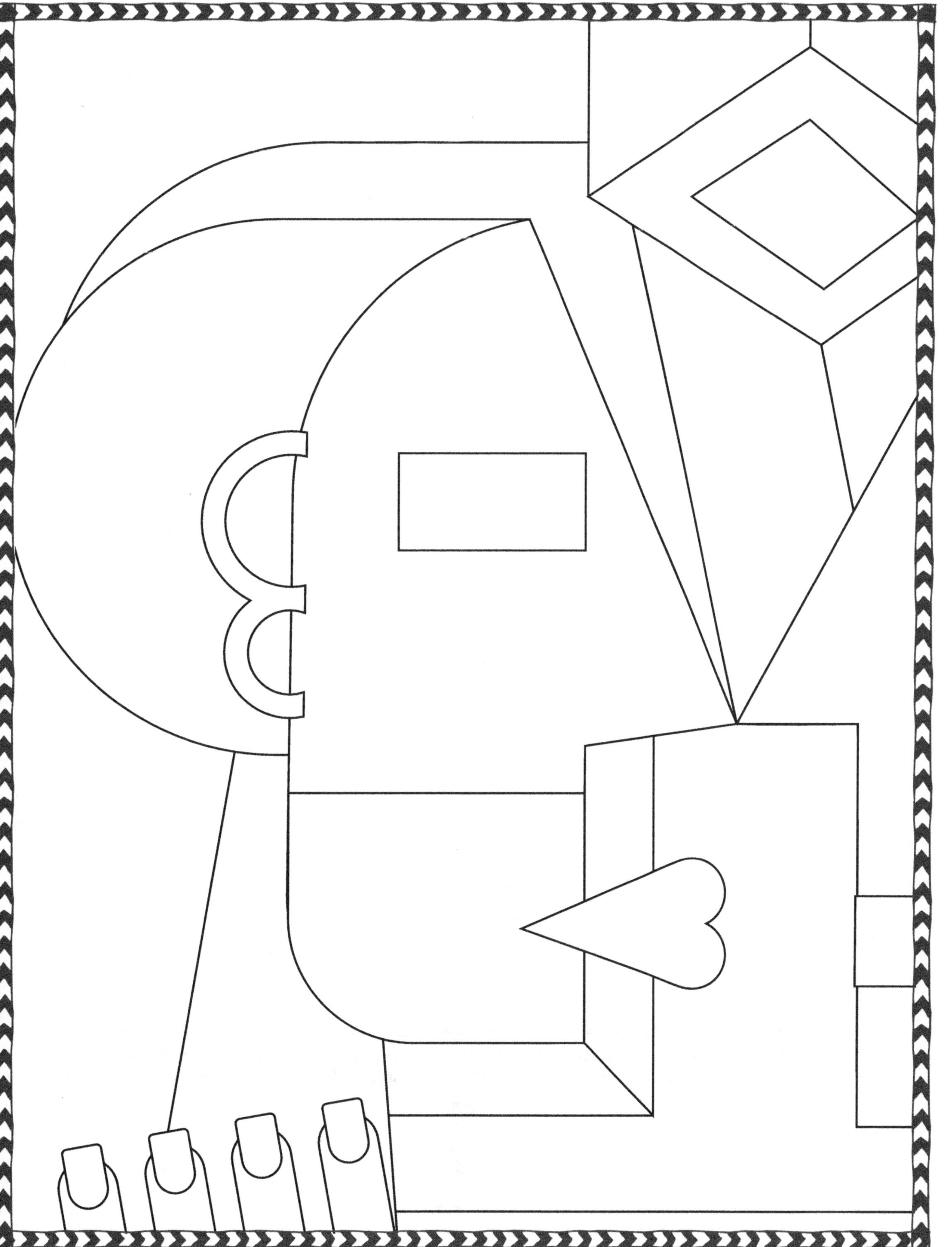

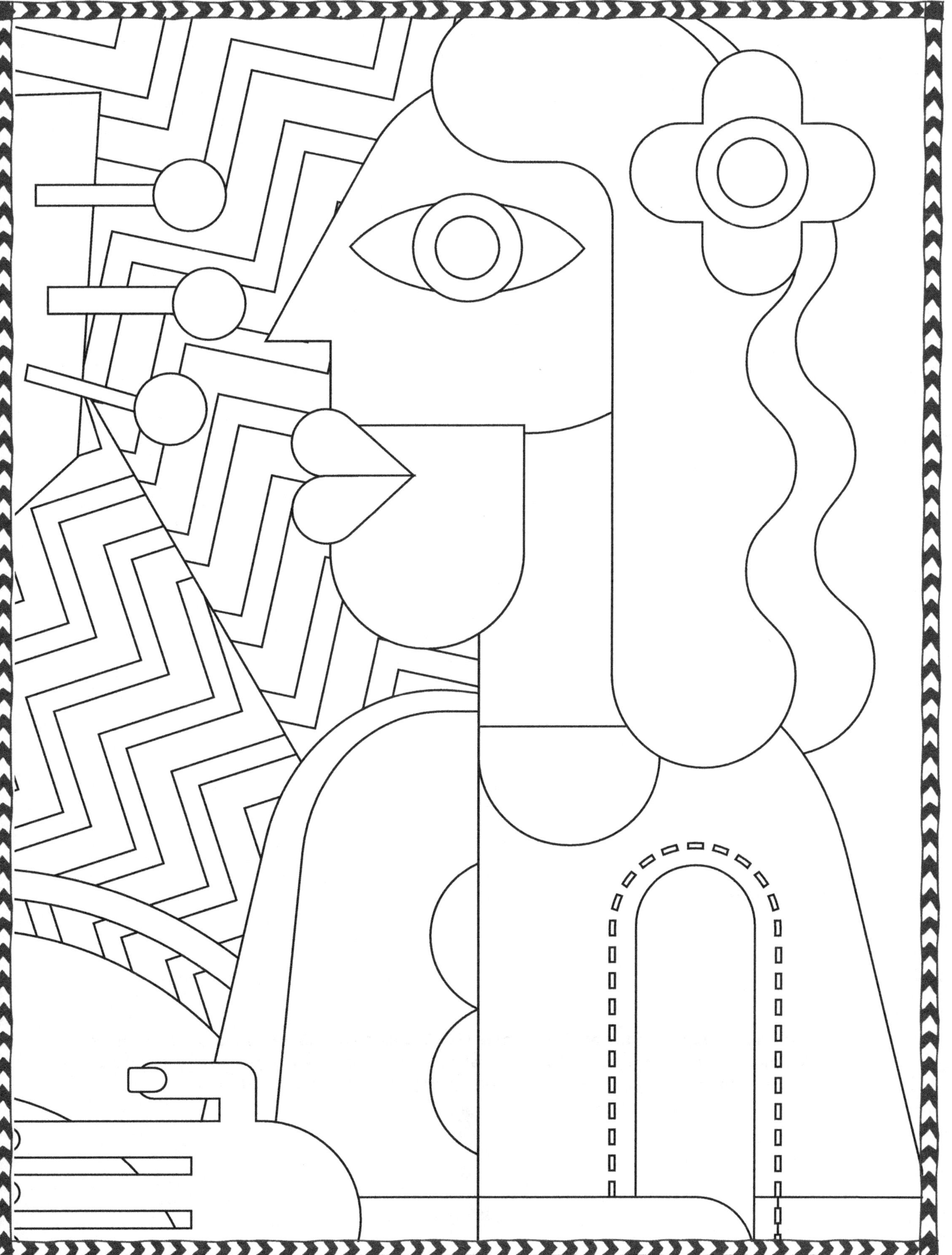

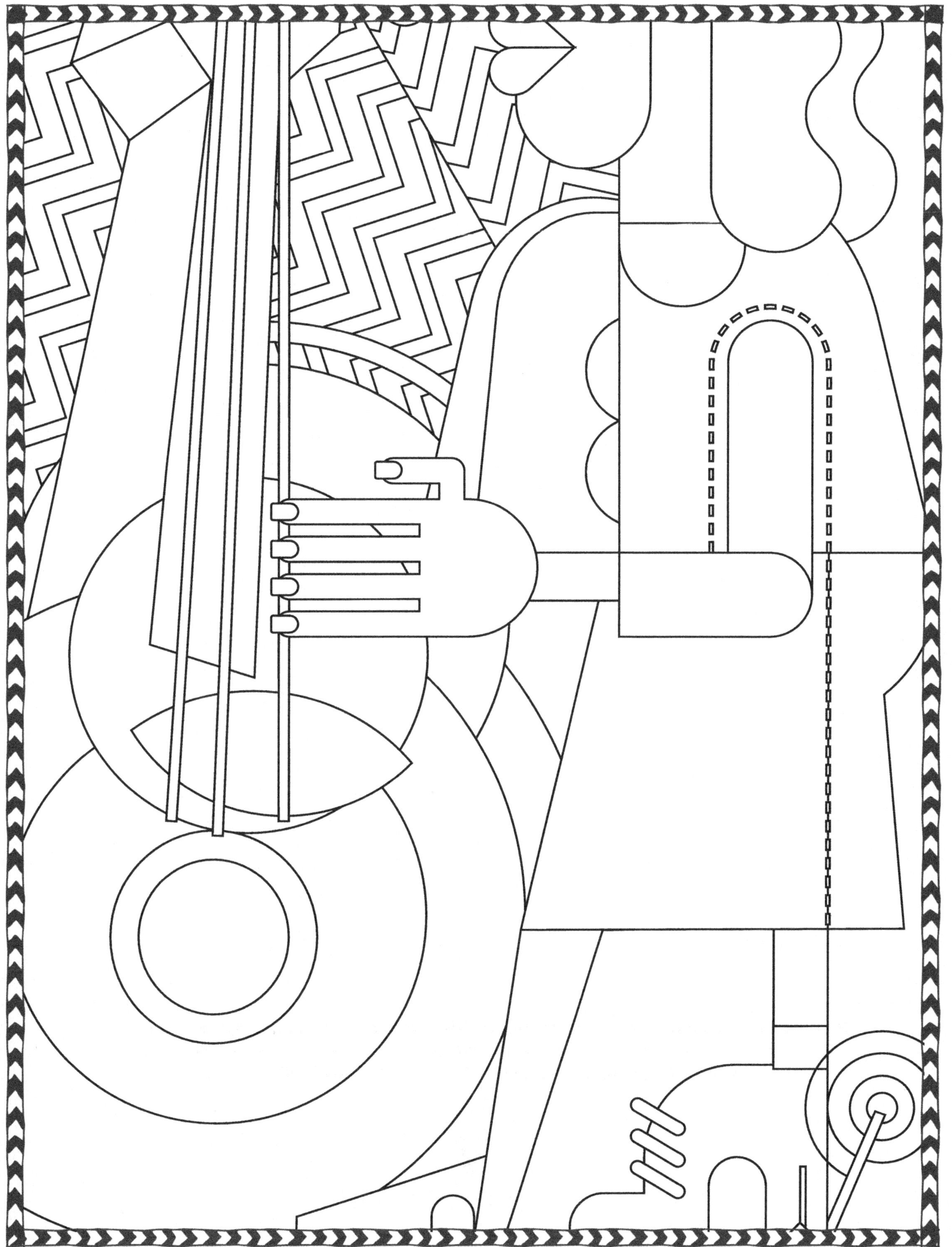

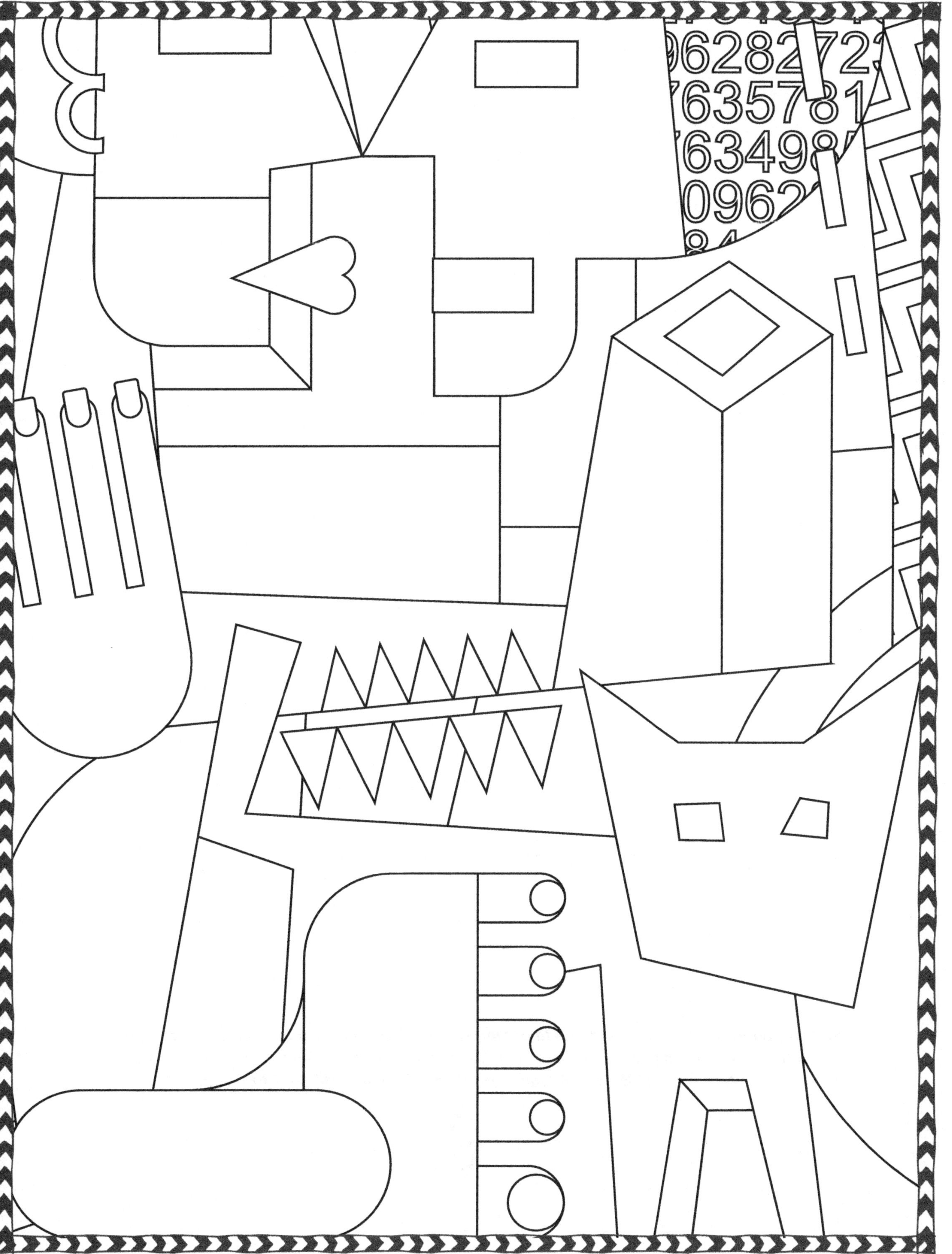
9628272
763578 1
76349 8
0962
84

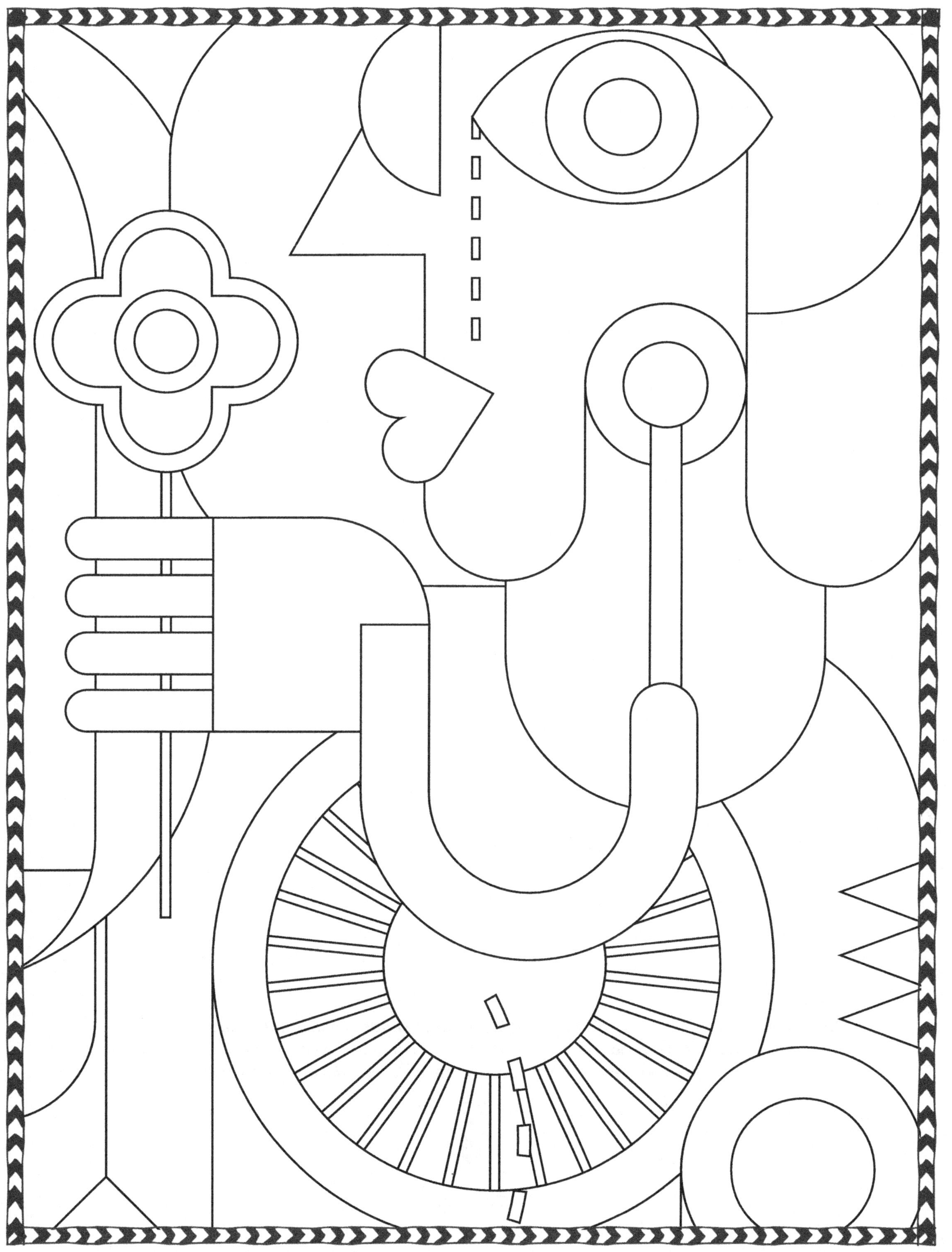

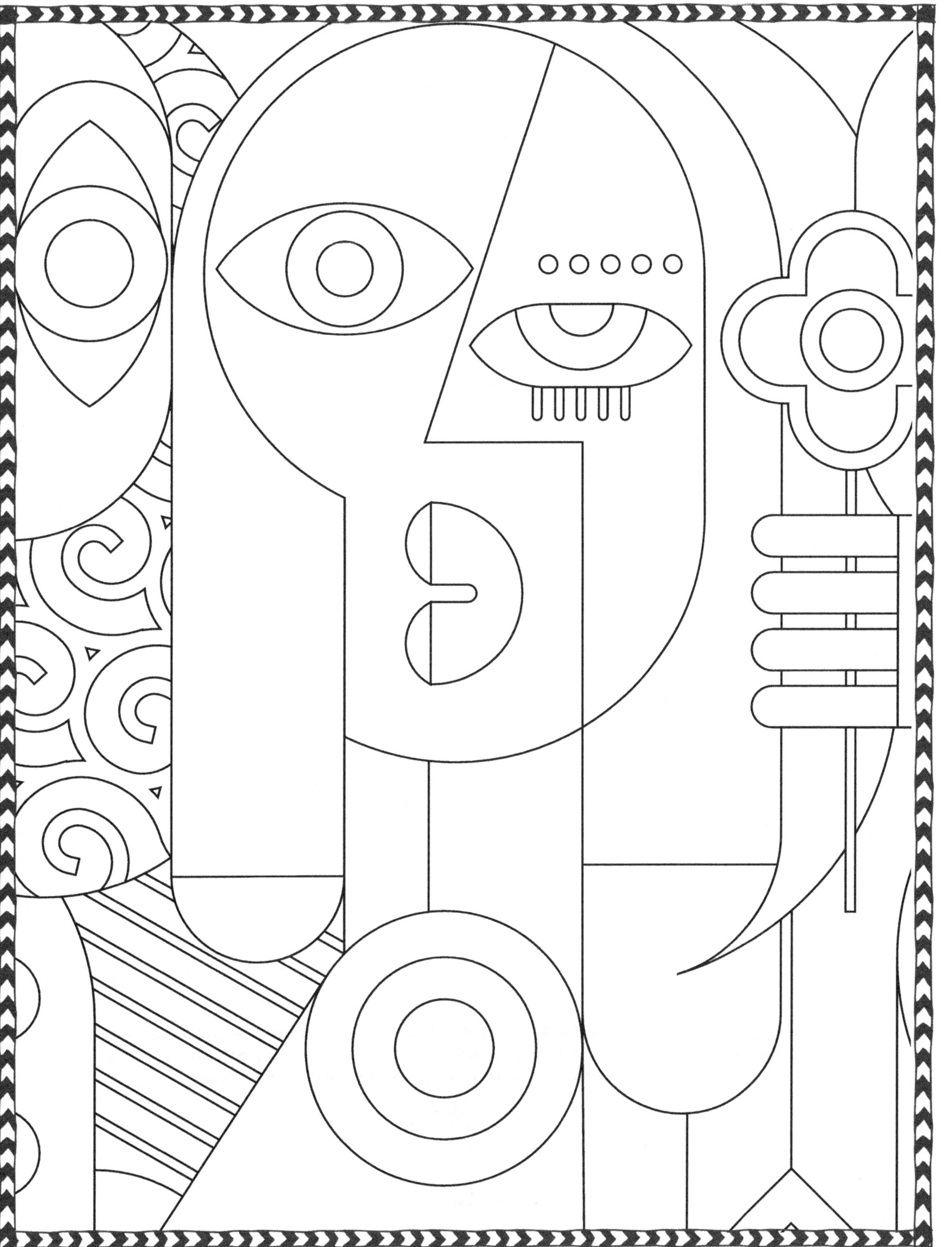

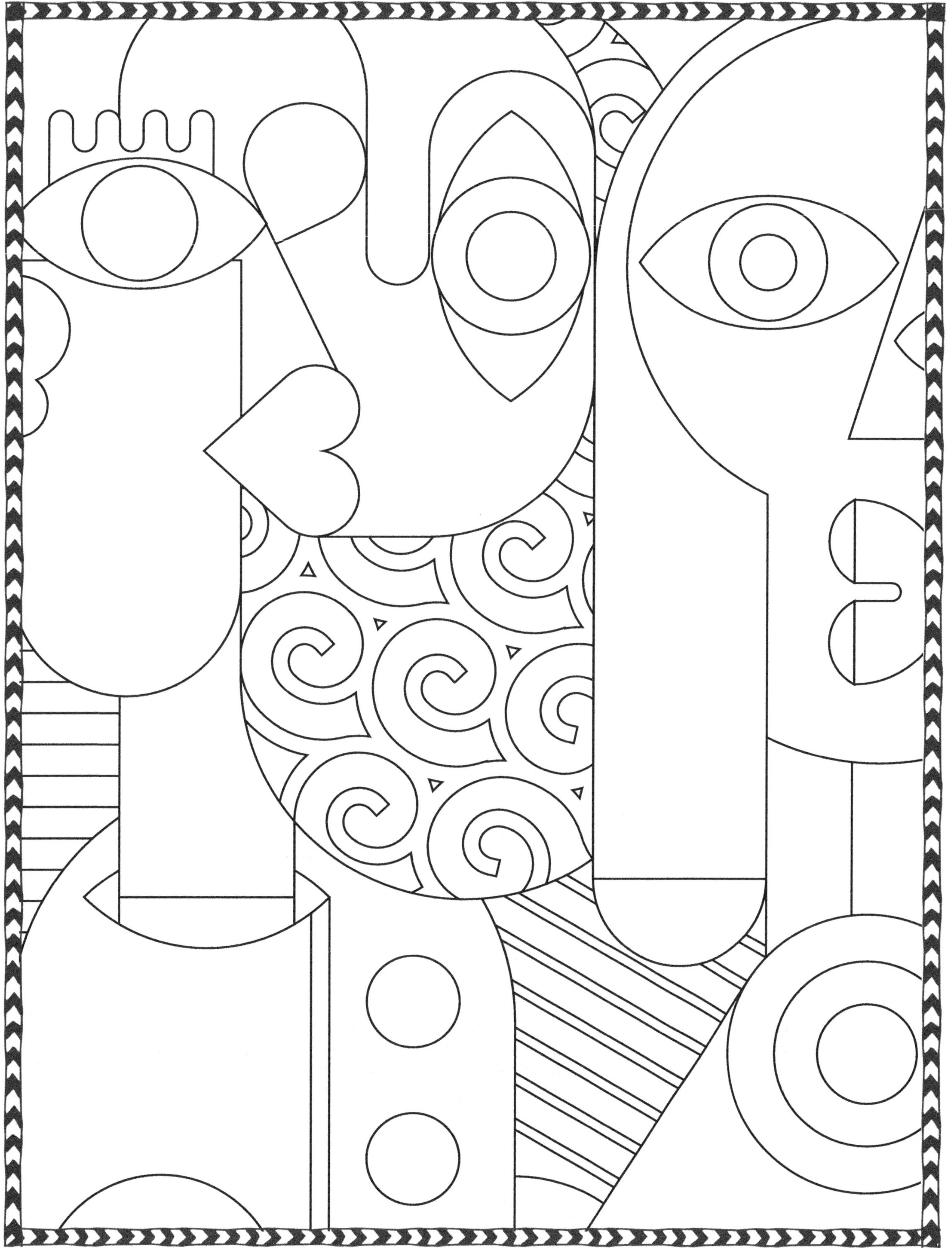

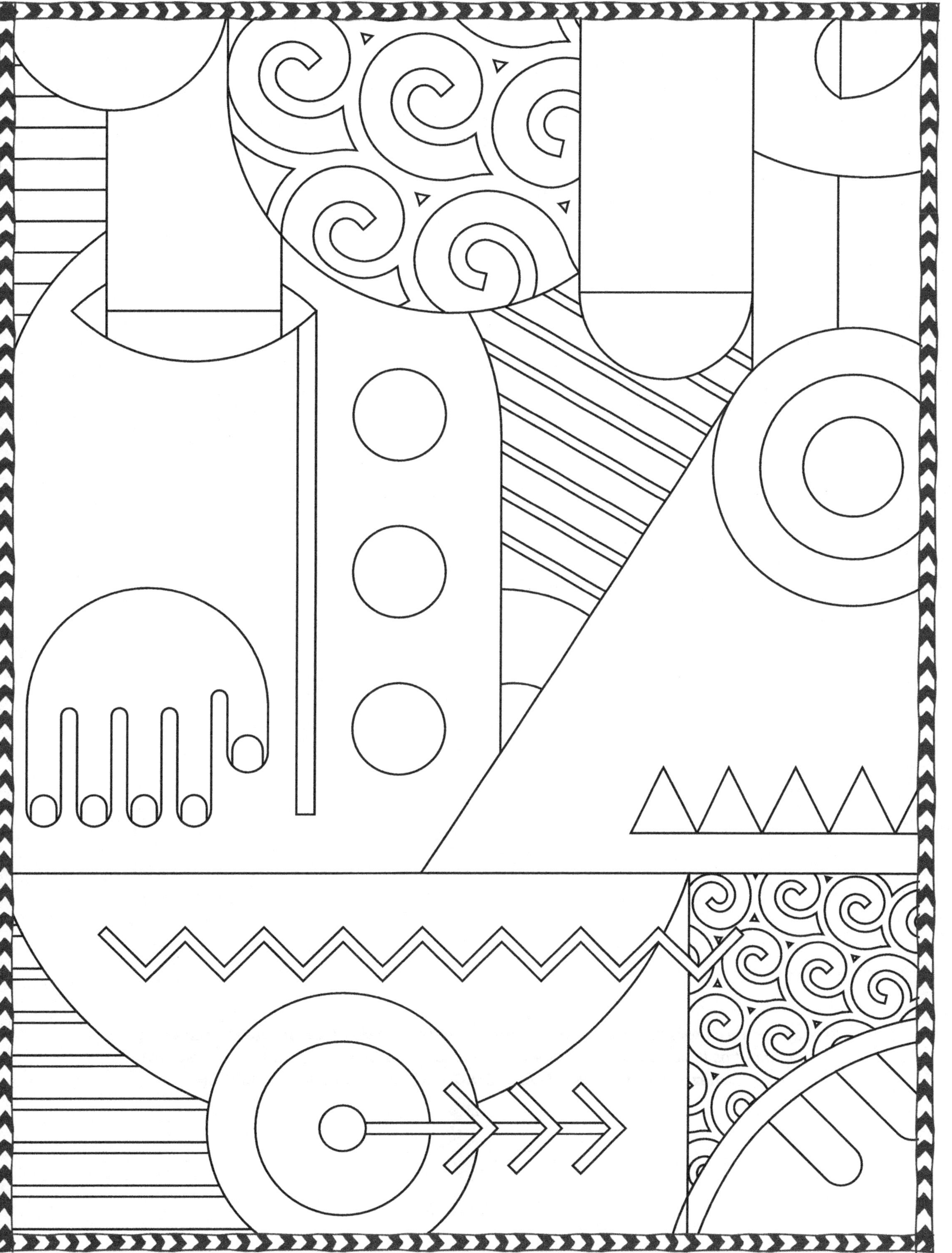

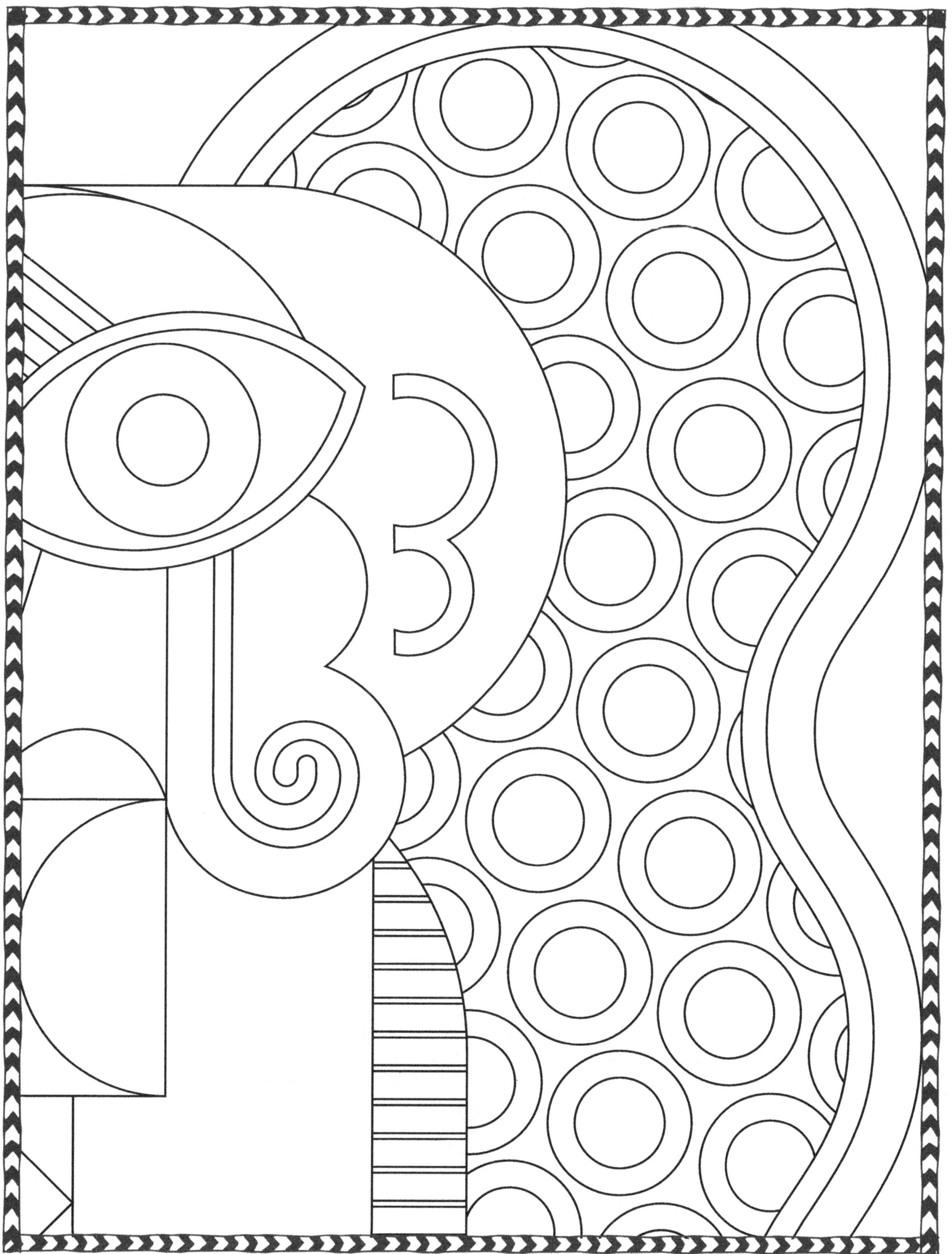

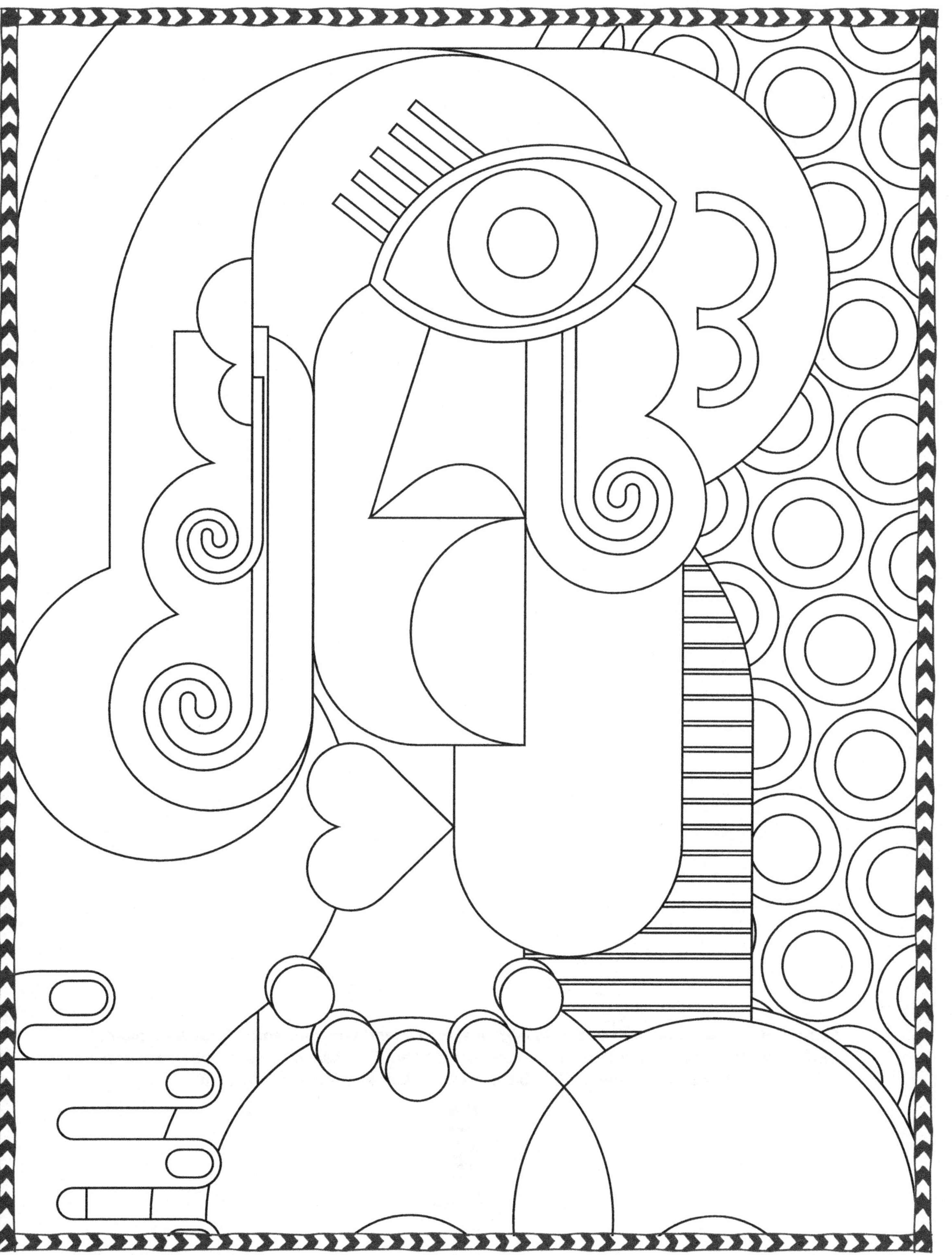

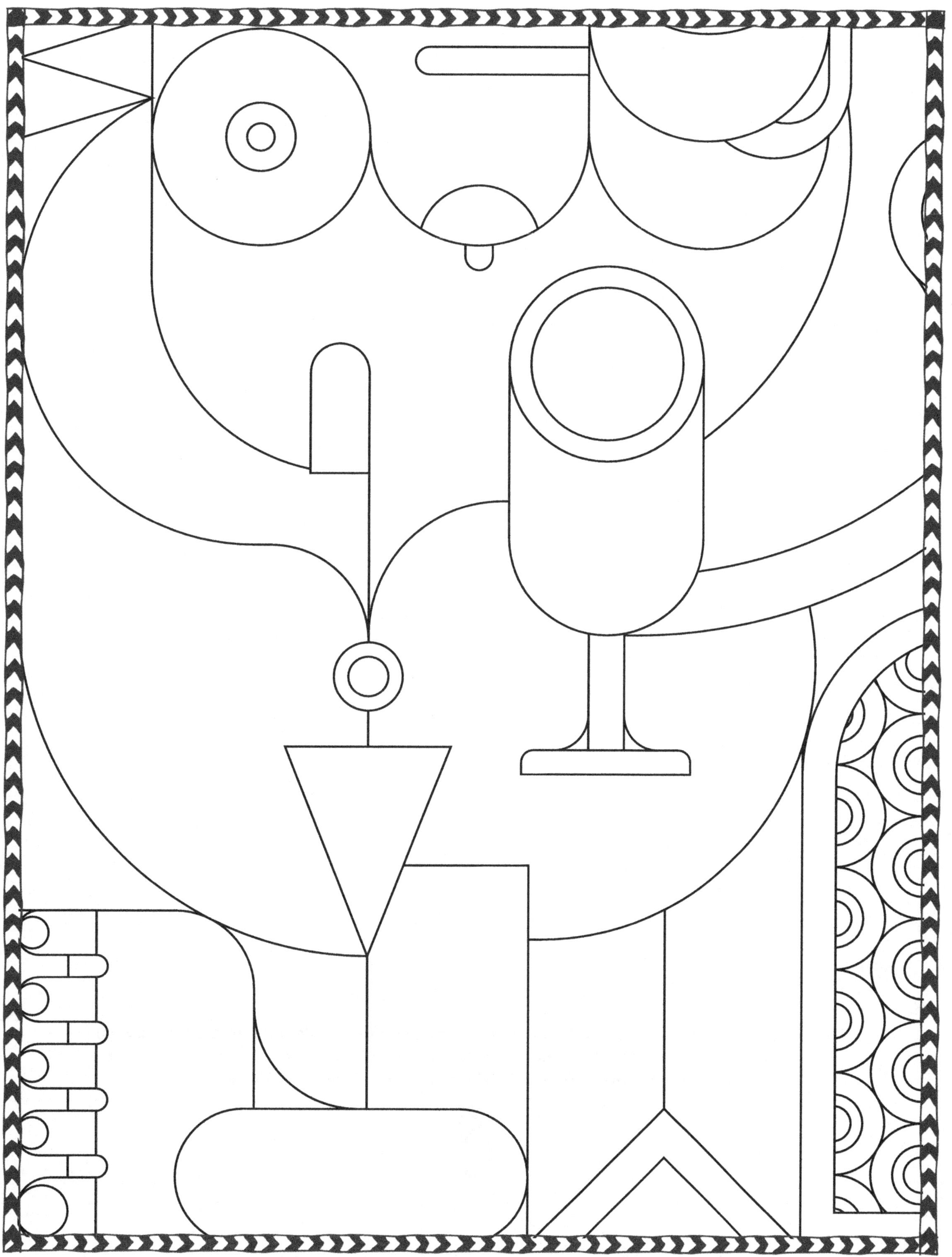

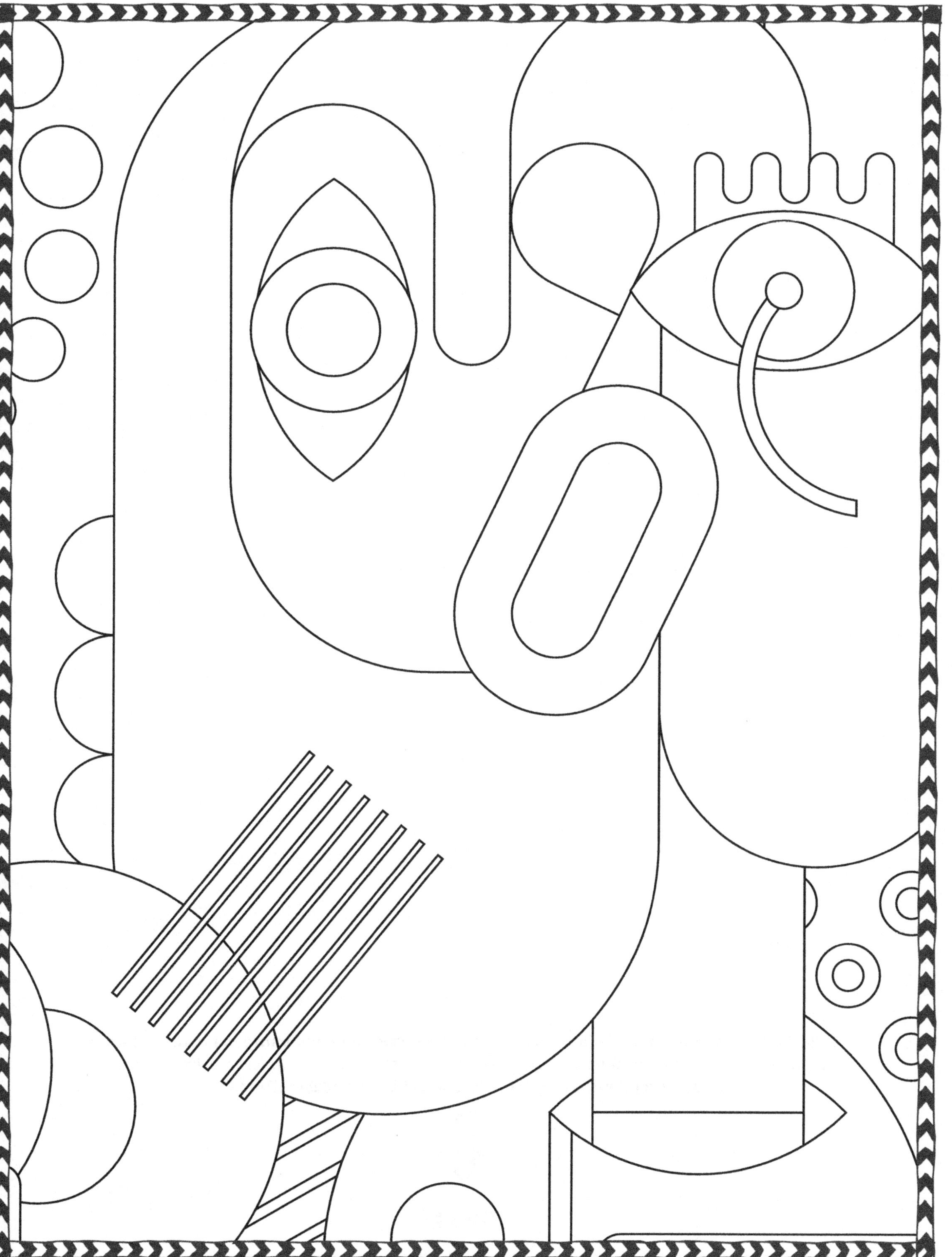

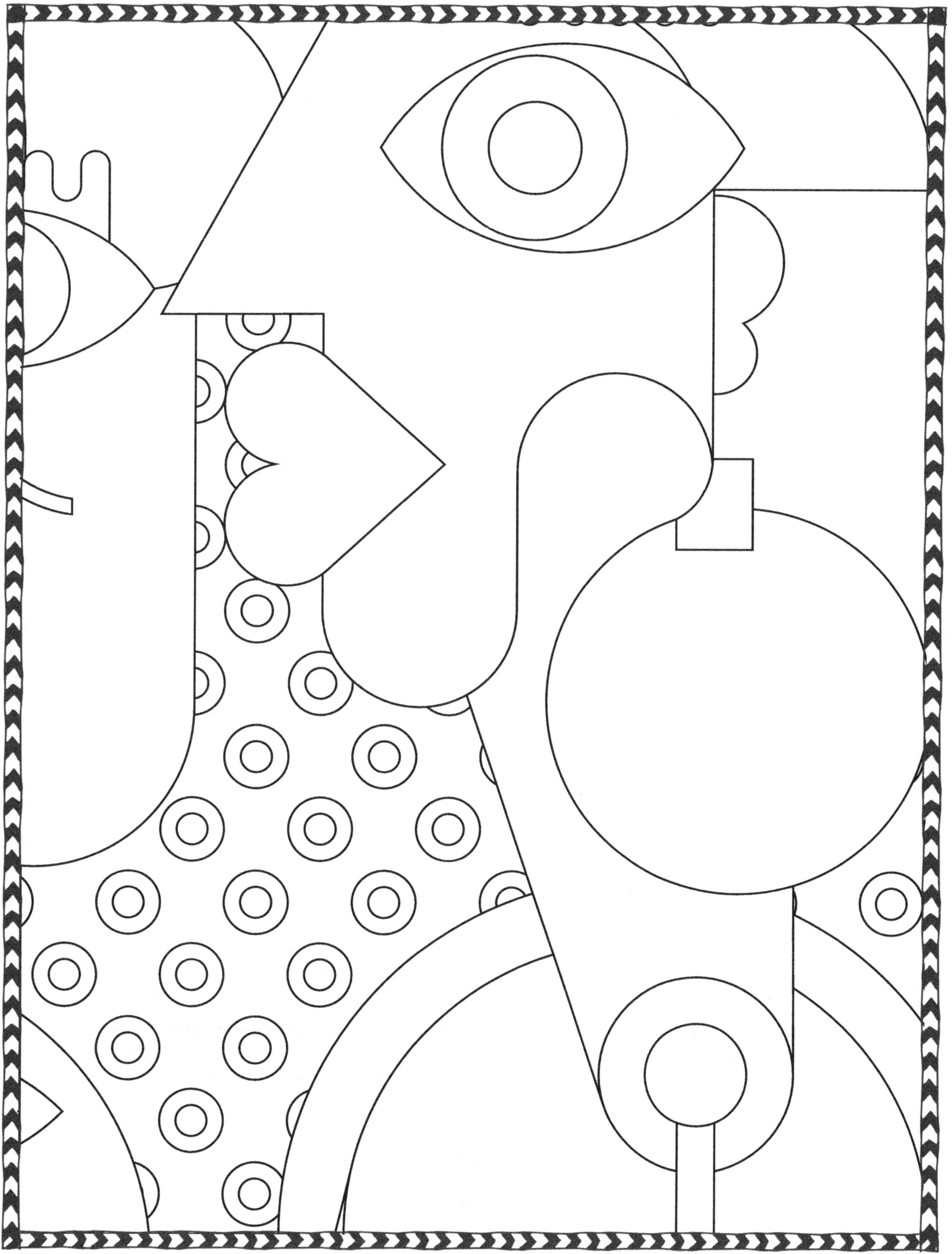

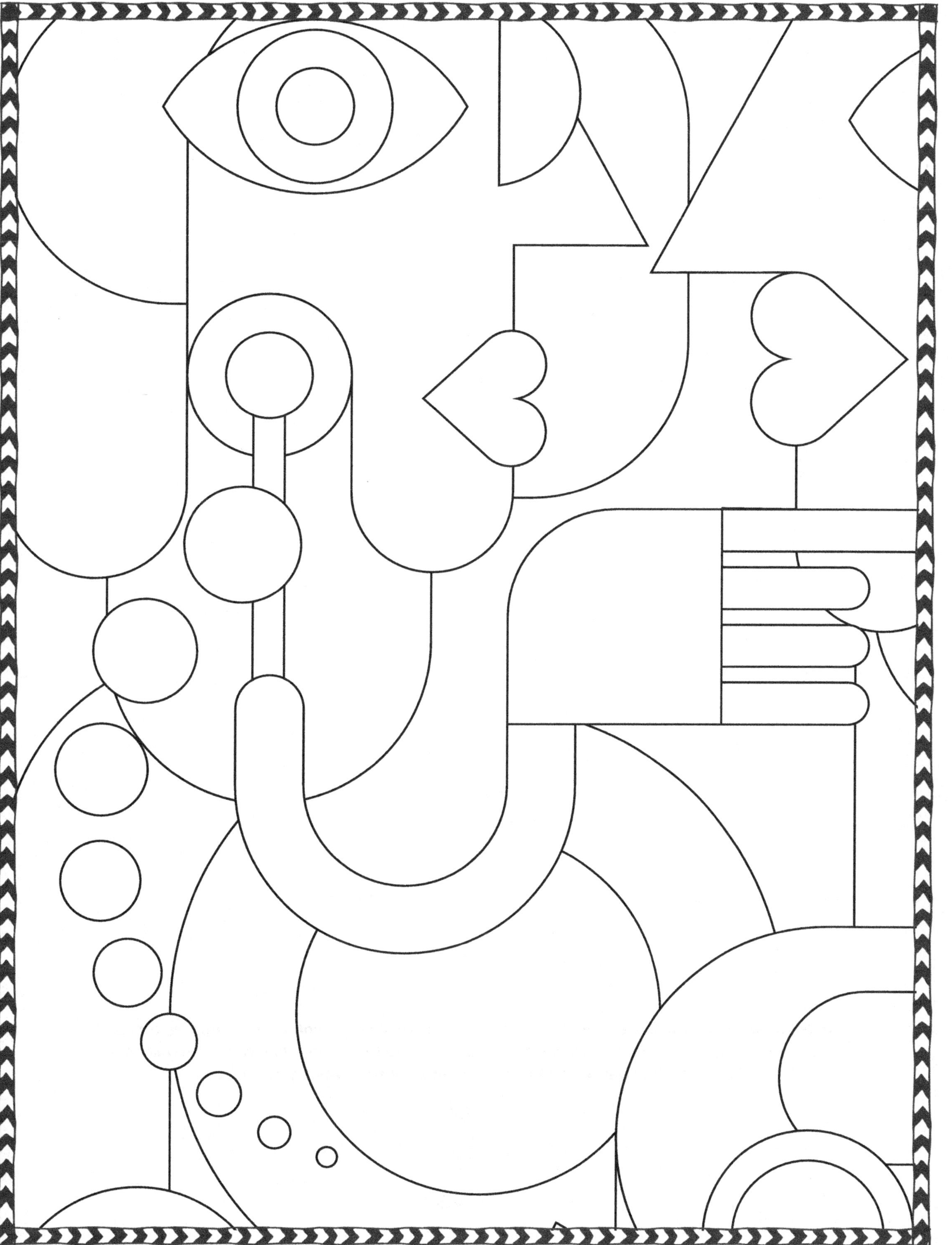

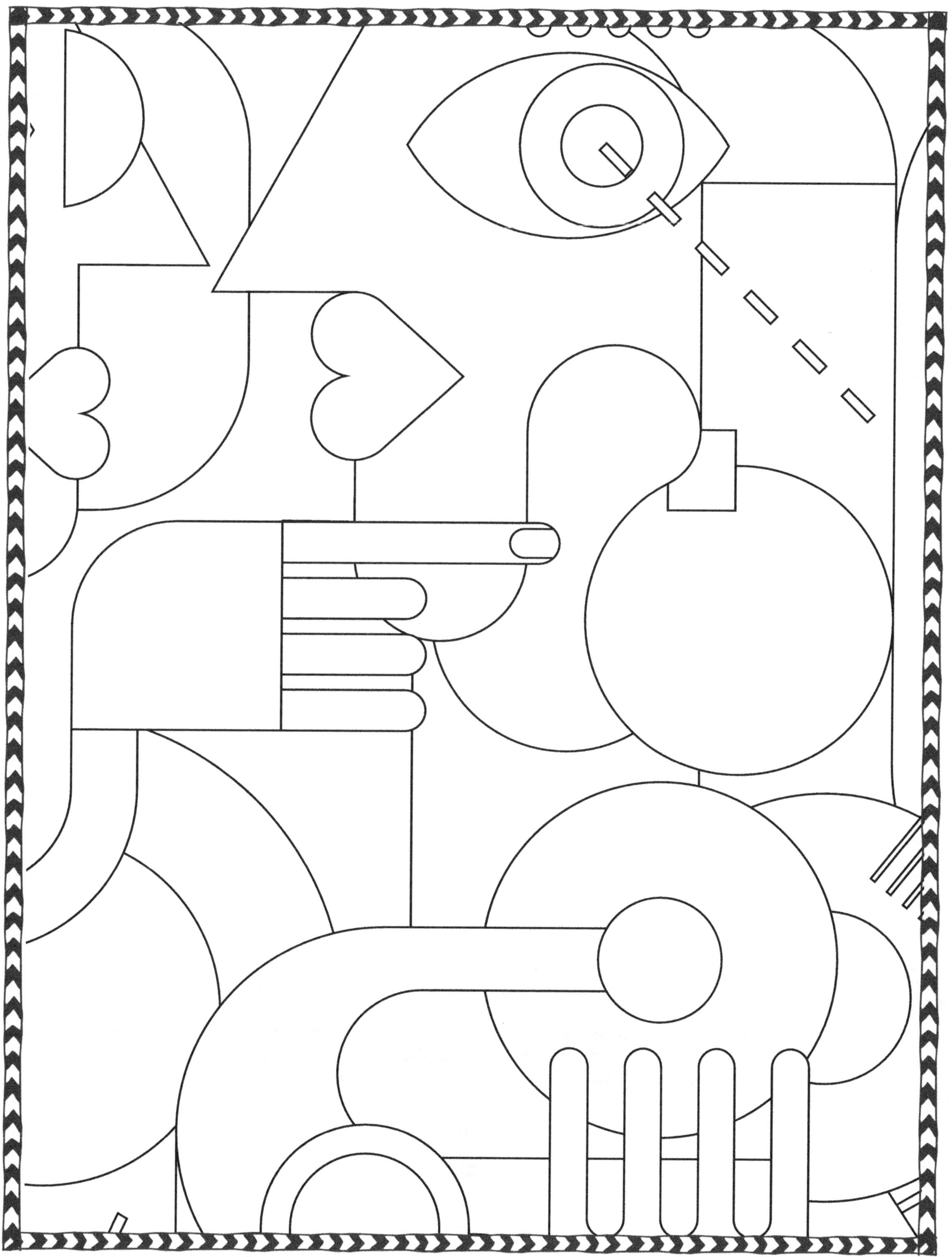

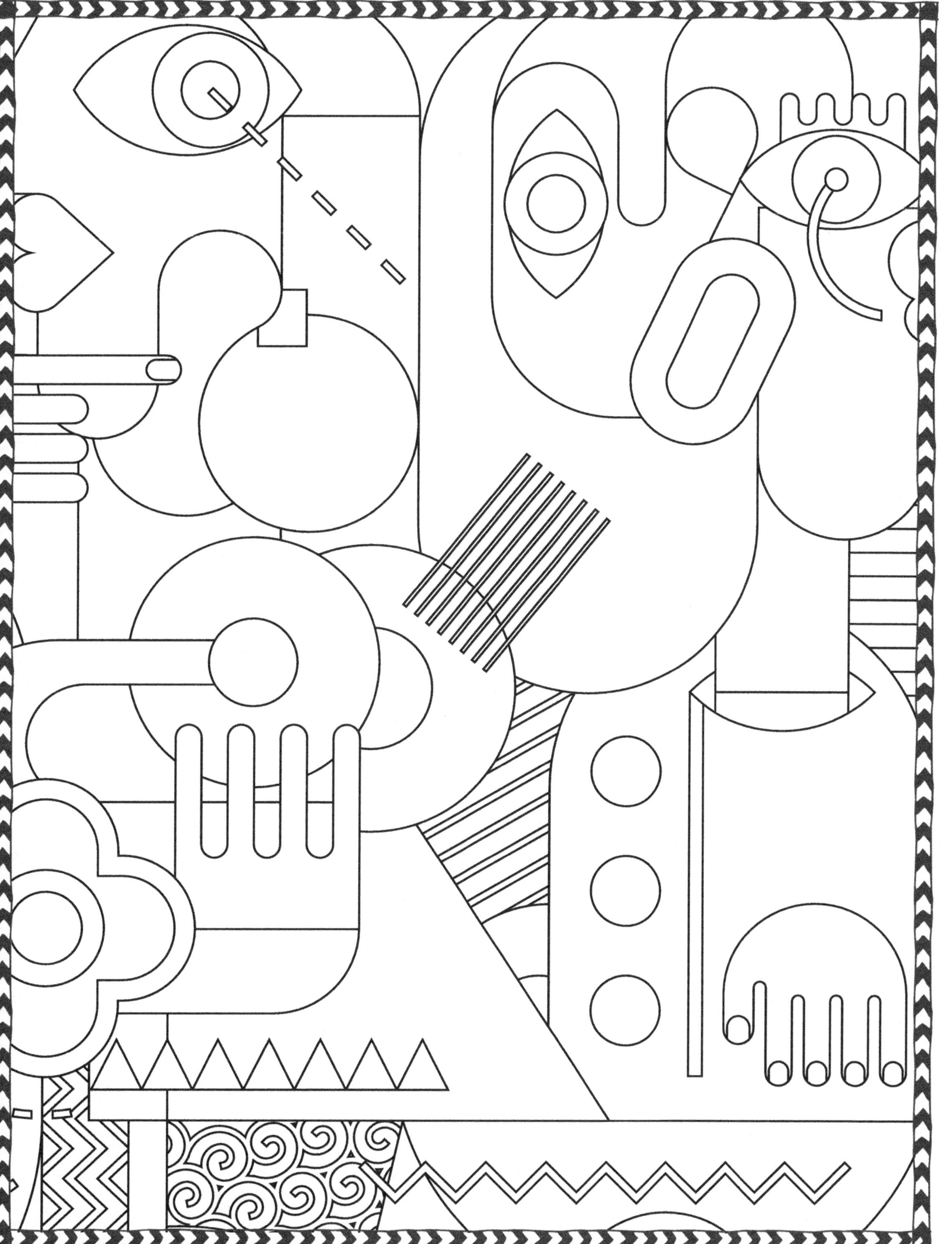

Made in the USA
Monee, IL
07 July 2026

56547110R00059